동방번개(전능신교)의 정체와 상담

한국교회 이단상담의 개척자가 쓴 동방번개 상담서

진용식 지음

동방번개(전능신교)의 정체와 상담

한국교회 이단상담의 개척자가 쓴 동방번개 상담서

발행일	초판 1쇄 2022년 7월 30일
저자	진용식
북디자인	최주호(makesoul2@naver.com)
인쇄	넥스트프린팅(031-908-7959)
유통사	하늘유통(031-947-7777)
펴낸곳	기독교포털뉴스
신고번호	제 2016-000058호(2011년 10월 6일)
주소	우 16954 경기도 용인시 기흥구 흥덕2로87번길 18
	(이씨티) 이씨티빌딩 B동 4층 479호
전화	010-4879-8651
가격	14,000원
출판사	이메일: unique44@naver.com
홈페이지	www.kportalnews.co.kr

동방번개[전능신교]의 정체와 상담

한국교회 이단상담의 개척자가 쓴 **동방번개 상담서**

진용식 지음

┃목차┃

들어가는 말

이단을 대처하는 방법은 소극적 대처법과 적극적 대처법 두 가지가 있다. 소극적 대처법은 이단에 미혹되지 않도록 사전에 예방하는 방법을 말한다. 이단을 예방하려면 이단의 정체를 미리 알려주는 것이 가장 중요하다. 이단에 대한 선지식이 있다면 사람들이 이단의 계략에 넘어갈 가능성이 대폭 줄어들기 때문이다. 이를 위하여 이단 전문 서적들은 이단 집단에 대한 깊은 이해를 바탕으로 이단의 정체를 파헤치고, 그들의 비 성경적이며 사이비적 교리를 낱낱이 밝혀 주고 있어 이단의 미혹으로부터 성도와 선량한 시민들을 보호하는 데 매우 유용하며 효과적인 기능을 지닌다.

적극적 대처방법은 이단에 빠지지 않도록 예방하는 데서 나아가 이단에 미혹되어 있는 사람을 돌이키는 것을 말한다. 이렇게 이단에 미혹된 사람을 회심 시키는 것은 이단 상담을 통하여 가능하다. 이단 상담이란 이단 집단이 주장하는 교리가 무엇인지 그 내용을 구체적으로 정리하고, 이에 대하여 일일이 복음적 성경의 핵심을 들어 반증하므로써 사이비성 교리의 허구성을 명료하게 밝혀주는 것이다. 이단과 정통 기독교 교리가 정확하게 비교되고 그 차이와 모순이 확연히 드러날 때에야 자신이 어처구니 없는 사이비 교리에 미혹되었음을 인식할 수 있게 된다. 따라서 이단에 대처하고 그로부터 벗어나기 위해서는 소극적 방법이든 적극적 방법이든 무론하고 이단의 실체와 교리를 깊이 있게 반증 하는 저서들은 매우 중요하고 유효한 도구가 될 것이다.

최근 중국 발 이단 '동방번개파'의 세력이 국내에서 폭발적 확산세를 보이고 있다. 이에 우리 사회와 교계는 신천지, JMS 등 이단들에 이어 우리의 건강한 삶의 뿌리를 흔들고 있는 또 다른 사이비 종교집단 동방번개파에 대한 대처에 새로운 긴장을 해야 할 위기에 있다. 필자는 이단 상담가로서 동방번개파의 정체를 백일하에 드러내고 이들에게 미혹된 영혼들을 회심시켜 돌이키게 하기 위한 저서가 시급함을 느껴 본 책『동방번개의 정체와 상담』을 쓰게 되었다. 이 책은 동방번개의 정체를 자세히 밝히고 그 사이비성을 드러낼 뿐 아니라 그들의 참람한 교리를 깰 수 있는 명료한 반증 내용으로 구성되어 있다. 동방번개의 위험성과 그들의 포섭전략, 한국활동 현황을 밝힌 1장, 3장, 5장은 정윤석 대표기자가 기독교포털뉴스에 올린 글을 저작권자의 허락을 받아 별도의 표기 없이 그대로 사용했다는 점을 밝힌다. 동방번개의 사이비성을 드러내고 그들의 교리적 허점을 파헤치고 변증한 내용은 2장과 4장에서 집중적으로 다뤘다. 지금까지 신천지, JMS, 안상홍 증인회, 귀신파, 구원파와 관련한 변증서나 상담서는 나왔지만 한국교회가 주목하고 주의할 이단·사이비인 동방번개파에 대한 상담 자료는 가히 세계 최초로 나온 것이라 자부한다. 본서에서 동방번개파는 '전능하신 하나님교회' 또는 '전능신교'라고도 표기했다. 별도의 설명이 없더라도 모두 동일한 단체로 이해하고 읽을 것이라 기대한다.

차제에 국내외 교회들과 이단상담 사역자들에게 본 책이 동방번개파 이단의 이해와 예방을 위한 효과적인 교재와 도움이 되기를 바라는 마음이다.

저자 진용식 목사

1 장

동방번개의 위험성

1. 신천지보다 더 주의할 이단·사이비 전능하신 하나님교회

대한민국은 이단사이비의 전시장이다. 대한민국 헌법 제 20조는 '모든 국민은 종교의 자유를 가진다'고 밝혔다. 헌법이 보장하는 종교의 자유를 악용, 다양한 사이비 종교들이 마치 참 종교인 것처럼 한국사회에 자리하고 있다. 대표적으로 신천지, JMS, 여호와의 증인, 전능하신하나님교회(일명 동방번개) 등이 그들이다. 이중 신천지·JMS는 한국에서 자생한 이단사이비단체들이다. 동방번개와 여호와의 증인은 각각 중국과 미국에서 건너온 이단·사이비 단체다. 대한민국에 활동하는 단체 중 공식적으로 이단 등 문제단체·인물로 규정된 곳은 총 115개에 이른다(현대종교 교단 결의 목록 참고, 2021년 5월 기준).

이들 중 한국사회가 가장 주목하고 경계해야 할 단체가 있다면 단연 동방번개이다. 그 이유는 다음과 같다.

첫째, 신천지나 토종 한국 신흥종교에 대해서는 어느 정도 정보와 경계심이 극대화한 상태다. 반면 전능신교, 동방번개파로 불리는 이 단체에 대한 정보나 경계심은 크지 않은 상황이다.

둘째, 이들의 물량 공세가 상상을 초월할 정도다. 한국교회언론회의 발표자료(2014. 9.15)에 따르면 동방번개의 2013년 한해 중앙일간지 및 지방일간지 광고 게재 회수는 663회이다. 이 회수는 일년 동안 주말을 제외하고 하루도 빠짐없이 거의 매일 두 번씩 광고를 낼 수 있는 횟수다. 그 어떤 이단사이비도 이토록 많은 광고를 조선·중앙·동아 등 메이저급 신문은 물론 지방 일간지에까지 낸 사례는 단연코 없었다. 그들의 현금 동원력이 얼마나 될지 상상할 수 없을 정도라는 의미다. 일간지 전면 광고가 조선일보의 경우 가장 비싸다. 전면광고도 페이지마다 다르지만 대략 4500만원(부가세 포함)을 넘는다 (2015년 기준 35개 일간지 광고 단가표 참고 http://www.mediatoday.co.kr/news/articleView.html?idxno=123803). 평균 단가를 1천만원으로 잡으면 663회 광고시 대략 60억원, 평균 단가를 2천만원으로 잡으면 120억원에 이른다. 언론사마다 다르지만 성명서나 종교 광고의 경우 가격을 두배 이상으로 책정하는 경우도 있다. 많게는 150억원 이상이 들어갔을 것으로 보인다. 이 풍부한 현금 동원력을 가진 동방번개는 이제 유튜브 방송, 영화·드라마제작 등으로 활동의 범위를 넓혀가고 있다.

셋째, 동방번개는 중국에서 1991년 중국 흑룡강성 정부가 불법 종교집단으로 규정했다. 2012년 11월 열린 18차 중국전당대회를 앞두고 베이징시가 '사교와의 전쟁'에 돌입하며 사회정화활동을 목적으로 대대적 단속을 시작했다. 이때부터 정부의 단속을 피해 동방번개 신도들은 가장 가까운 국가인 한국으로 몰려들어왔다. 1994년부터 2018년 말까지 중국인 난민신청자는 총 4839명이고 그중 2012년 이후부터 2019년까지 동방번개 교인으로서 난민 신청을 한 사람들은 1천여명이다(전능신교측 주장을 담은 2019년 7월 28일 선언문 참고, https://tistoryno.tistory.com/entry/chinese-religious). 동방번개의 총신도수가 중국 정부의 집계로 400~500만명, 종교 연구가들의 주장으로는 100~200만명에 달하는 것으로 알려졌다. 그 신도들의 국내 유입은 지속적으로 한국 사회의 문제로 떠오를 전망이다.

신천지는 한국인들이 모르는 사람이 없을 정도로 유명한 사이비 종교 단체가 됐다. 신천지에 미혹돼 개인·가정·사회가 큰 혼란을 겪은 것을 대한민국 국민들은 똑똑히 보아왔다. 이로 인해 사이비 종교가 사회에 얼마나 큰 부담과 손실을 주는지도 우리는 경험적으로 알게 됐다. 신천지를 코로나19 이후 모든 대한민국 국민이 알게 된 것처럼 이제 동방번개에 대해서도 제대로 파악하고 대응해야 할 때다. 이미 중국에서부터 수백만에 이르는 신도를 만든 경험이 있고 현금 동원력은 상상을 하기 어려울 정도인 동방번개파는 상당수의 문화 콘텐츠를 장악하며 한국 사회를 잠식해 들어오기 때문이다.

1) 가출·잠적 등으로 가정 해체

중국 한족인 전빈(2015년 당시 33세)의 남편은 2015년 4월 3일 아무런 연락도 없이 사라졌다. 전빈 씨는 곧 경찰에 실종신고를 했다. 그 후 알게 된 소식은 충격이었다. 남편이 2015년 4월 6일 개인출국 여행을 명분으로 대한항공을 이용, 제주도로 갔다는 소식

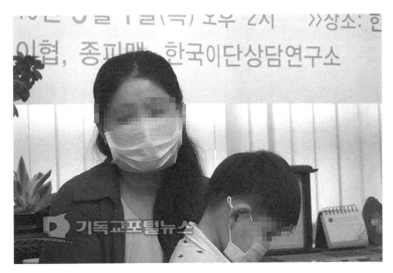
2016년 9월 1일 기자회견을 하며 눈물 짓는 전빈

이었다. 전빈은 4살 된 아들과 함께 남편을 찾으려고 대한민국으로 입국한다. 2차례 입국했지만 큰 성과를 거두지 못했다. 전빈은 2016년 9월 1일 합신 이단상담연구소(박형택 목사) 사무실에서 기독교계 기자들을 만나 "한국언론 매체 여러분들이 아이의 아버지를 찾을 수 있도록 도와 달라"며 이제 이 문제를 해결하기 위해 언론이 나서야 한다고 호소했다. 동방번개에 빠진 사람들이 가족을 버리고 한국으로 오는가 하면 엄마와 아빠를 잃고, 또는 자녀를 잃은 피해 가족들이 한국에 와서 기자회견을 열고 하소연을 하는 상황이 지속되고 있다.

문제는 이런 사람이 한둘이 아니라는 점이다. 유춘양 씨(53)는 딸이 음악을 전공한 대학생 신분으로 동방번개에 입교해 2016년 8월 5일 한국으로 떠났다. 이 딸은 지금까지 아무 소식도 없다고 한다.

딸이 동방번개에 빠져 한국으로 온 후 귀국하지 않고 있다며 눈물 짓는 중국인과 전능신교 건물에 붙은 플래카드.

왕용량 씨(31)의 아내는 초등학교 선생님이었는데 2016년 1월 8일 3살난 딸을 두고 한국 제주도로 와 난민신청을 했다.

김정순 씨(조선족, 72세)는 "딸이 동방번개에 빠진 후 2015년 5월에 가출했어요. 아빠는 죽기 전에라도 딸 한번 보고 싶다고 그리워했어요. 그런 아빠가 작년에 세상을 떠났는데, 그때도 와보지 않았어요. 전화는 일년에 한두 번 할까말까예요. 딸이 이젠 가정으로 돌아와 함께 살았으면 좋겠어요. 동방번개에 빠지기 전까지만 해도 딸은 이렇게 살지 않았어요."라고 안타까워 했다.

월간 〈종교와진리〉는 2021년 5월 25일자 기사에서 동방번개로 가정이 해체된 사람들의 사연을 기사화했다. 이 기사에 따르면 중국 안후이성 루안시의 황자얀(HUANG JIA YAN)·안후이성 푸양시 곽란란(GUO LAN LAN)·안후이성 푸양시 천첸첸(CHEN QIAN QIAN)은 2018년, 안후이성 안칭시의 왕창메이(WANG CHANG MEI)는 2016년 2월, 중국 안후이성 화이난시 시아시안리(Xia Xianli)·두안쥔치(DUAN JUN QI)는 2015년 가출, 한국으로 입국한 뒤 연락 두절된 상황이다.

2) 살인·폭행 등 다수의 사회문제

동방번개는 중국 본토에서부터 심각한 사회 문제를 일으켜온 집단이다. 그중 맥도날드 사건이 가장 대표적이다. 우쉬옌(당시 37)은 2014년 5월28일 밤 기분이 안 좋은 상태로 맥도날드로 갔다. 아이 양육 문제로 남편과 다툰 뒤였다. 마침 맥도날드에는 '전능하신 하나님의교회' 신도들이 사람들의 연락처를 따오기 위해 머물고 있었다. 사람 하나를 만나서 연락처를 딸 때마다 그들의 메모장에는 '어린양1', '어린양2' 등으로 이름이 하나둘 올라갔다. 동방번개 신도 한명이 기분이 좋지 않은 상태의 우쉬옌에게 다가갔다. 연락처를 요구하자 우 씨는 남편과 다투어서 기분도 별로 좋지 않은 상태였기에 거절했다. 그러자 장범과 려영춘은 우 씨를 '악령'이 들렸다 생각하고 '마귀'라고 저주하면서 빨리 가게에서 나가라고 했다. 기분도 좋지 않은 상태에서 격분한 우 씨와 동방번개 신도들 간에 충돌이 일어났다. 당시 자리에 있던 동방번개의 장판, 장리둥, 뤼잉춘 등은 현장에 있던 우쉬옌을 둘러 싸고 바닥에 쓰러뜨리고 밀대 걸레로 때리는 등 5분간 지속적인 구타를 했다. 결국 우쉬옌은 현장에서 사망한다. 체포된 뒤 장판과 장리둥에게는 2015년 사형이 집행됐다 (고바울, 『중국기독교이단과 조유산과 동방번개의 실체』 (경기도:도서출판북소리, 2017), 184 참고).

이 외에도 이 책에는 동방번개 관련한 끔찍한 사건들이 다수 문제가 됐다. 조선족 목회자 고바울은 이들과 관련한 문제 유형을 다음과 같이 소개했다. 다만 너무 끔찍한 사건은 생략했다(고바울. 173-187 요약).

가. 사운(谢云)은 후난성 창싸시 웨루구(湖南省长沙市岳麓区) 사람인데 '전능하신 하나님교'에 빠진 후 '세계종말이 되었다', '죽으면 곧 승천할 수 있고 천당에 들어간다'고 믿고 2003년 초가을 농약을 마시고 자살했다.

나. 근려연(靳丽娟)은 후뻐이성 쪼양시(湖北省枣阳市) 사람이다. 2004년 11월 9일, 근려연은 밖에서 기도를 마치고 집으로 돌아 온 후 식칼을 들고 뛰쳐 나갔다. 집앞의 산비탈에서 "나는 주님의 부르심을 들었다. 주님은 나보고 지금 곧 오라 하신다!" 라고 외쳤다. 남편과 아이가 곧 뒤따라 달려나가서 울면서 애써 권고했는데 그는 아무래도 듣지 않았다. 그녀는 큰 소리로 외친 후 즉시 식칼로 힘껏 목 부위를 베어 혼수 상태에 빠졌다. 며칠 후 근려연은 병세가 악화되고 합병증에 감염되어 세상을 떠났다.

다. 왕도는 싼시성 씨안시(陕西省西安市)의 사람이다. 여러 해 동안 '전능하신 하나님교'를 다녔지만 아내는 '전능하신 하나님교'를 믿는 것을 반대했다. 그들 부부 사이에 여러 차례 의견 충돌과 싸움이 벌어졌다. 어느 날 그는 갑자기 아내가 자기가 교를 믿는 것을 반대하는 것은 악령이 아내의 몸에 붙었기 때문이라 느꼈다. '오직 육체를 소멸하여야만이 악령을 제거할 수 있다, 그 다음 전능하신 성령 하나님께서 다시 자기의 아내를 죽은 자 가운데서 살릴 것이다'고 교육받아온 그는 2012년 3월4일 오전 9시에 아내를 쳐서 까무러치게 하고 또 베개로 아내의 얼굴을 덮고 몸으로 눌러 아내가 질식하여 즉사하게 하였다.

라. 이계영은 허난성 란코현(河南省兰考县)의 사람이다. 결혼 후 '전능하신 하나님교'를 믿었고 후에 딸을 낳았다. 그래서 그녀는 집에서 아기를 돌보기 때문에 제 때에 '전능하신 하나님교'의 모임 활동에 참가할 수 없었다. 그리하여 그녀는 좌천되는 처벌을 받았다. 이계영은 이 좌천된 죄를 딸에게 돌리고 그를 작은 귀신, 작은 악령이라 여겼다. 그리하여 2011년1월10일 아침 7시 무렵, 두달밖에 안되는 자기 딸을 살해했다.

마. '전능하신 하나님교'의 여 신도 왕금화(王金花)는 소아(小娥)라는 사람에게 포섭돼 '전능하신 하나님교'에 가입했다. 왕금화는 '전능하신 하나님교'에 가입한 후 매일 한무리의 사람들과 함께 소아의 집에서 '전능하신 하나님교'의 가정 모임을 가지고 이른바 《전능하신 하나님 당신은 참 좋습니다》, 《동방에서 나타난 번개》, 《하나님의 마지막 논법》등 '전능하신 하나님교'의 교리 서적들을 열독

하기 시작했다. 2011년 10월, 왕금화의 큰 아들이 차사고로 상처를 입고 손녀가 학교에서 넘어져서 다치는 사고가 발생했다. 이 사실을 알게된 소아 일행은 "이는 왕금화가 전능하신 하나님을 성심성의로 믿지 않았기 때문에 전능하신 하나님이 왕금화를 징벌하는 것이다. 오직 자기의 전부 저축을 기부하여야만이 전심전의로 '전능하신 하나님'을 믿는 것이다"고 설명했다. 그 후에 왕금화는 정말 아까워서 쓰지 않고 모아둔 저축돈을 전부 다 '전능하신 하나님교'에 헌금하고 아들과 손녀를 지켜달라고 기도했다. 그로부터 얼마 안되어 왕금화는 또 연로하고 몸이 허약함에도 불구하고 나가서 동방번개에서 제작한 《세계종말》 전단지를 뿌리며 포섭활동을 하다가 부주의로 발을 헛디뎌 연못에 빠져 죽었다.

바. '전능하신 하나님교'의 여 신도 로경국(卢庆菊)은 안후이성 훠츄현(安徽省霍邱县)의 사람이다. 로경국은 '전능하신 하나님교'에 가입했지만 2년후 탈퇴 의사가 생겼다. 그래서 로경국은 탈퇴 요구를 밝혔는데 그들은 로경국에게 "만약 '전능하신 하나님'을 믿지 아니하면 반드시 징벌을 받을 것이며 너희 온 집 식구가 멸망 받을 것이며 너의 손자까지도 멸망받을 것이다"고 위협 공갈하였다. 로경국은 교회에서 말을 안 듣는 사람을 징벌할 때에 심하게 때리던 장면을 생각하면서 마음 속으로 비할데 없는 공포감을 느꼈다. 결국 2011년11월에 가족들에게 연루되지 않게 하기 위하여 물에 뛰어들어 스스로 목숨을 끊었다.

사. 14세되는 량초(梁超)는 '전능하신 하나님교' 신도에 의해 치료받다가 밟혀서 죽었다. 그의 어머니는 조수하(赵秀霞)이다. 량초는 소아마비 때문에 다리를 제대로 못쓰고 절뚝절뚝 걸었다. 조수하는 아들의 병을 치료하고 싶던 중 '전능하신 하나님교'의 신도의 허튼 소리를 듣고 중국 돈으로 만원을 헌금하면 무조건 치료할 수 있다고 생각했다. 2011년 8월16일부터 조수하는 아들을 '전능하신 하나님교'의 신도들에게 맡기어 치료를 진행했다. '전능하신 하나님교'의 신도들은 량초를 긴 나무 판위에 고정시키고 뒤집은 후 일부 신도들은 그들의 이른바 영가를 부르고, 기도하고, 일부 신도들은 벽돌로 누르고 가끔 고함을 치며 짓밟았다. 그리고 하루에 량초에게 한끼만 주었다. 삼일후 량초는 허탈상태에 이르고 체력이 탈진 되고 시달림을 받아서 죽었다.

대한민국 헌법 20조는 '모든 국민은 종교의 자유를 가진다'고 명시하고 있다. 그러나 대한민국 헌법이 보장하는 종교의 자유가 과연 어떤 것인지 우리는 되짚어 봐야 한다. 종교의 자유라는 미명하에 한국에는 개인·가정·사회·국가를 어지럽히는 이단·사이비 세력으로 몸살을 앓고 있다. 열거하면 한두곳이 아니다. 피지가 낙토라며 400여 명의 신도들을 집단으로 이주하게 만들고 그곳에서 사람을 감금·폭행·사망에 이르게 하는 등 극단의 길을 걷는 신옥주 교주의 은혜로교회, 이만희 교주를 '만왕의 왕', '이 시대의 구원자', '재림주'로 믿고 육체로 영원히 사는 신적 존재로 경배하는 신천지, 자신을 신처럼 생각하는 여신도들을 모아 집단 성관계까지 했다가 징역 16년 선고를 받은 이재록 교주, 성폭행범 정명석을 이 시대의 메시아로 믿는 JMS 등이 대표적이다. 대한민국 국민들이 종교사기의 늪에 빠져 청춘을 바치고 인생을 바치고 있는 것도 통탄할 일이다. 이조차 제대로 대응하지 못하는 상황에서 중국산 사이비 동방번개까지 대한민국에 밀려 들어오고 있다. 이를 수수방관하고 이들을 보호해 주는 게 과연 종교의 자유에 해당하는 것인지 우리는 자문해 봐야 한다.

2. 동방번개의 조직과 신도 통제

동방번개 자체의 신도 수는 약 100만명으로 보고되고 있다 (한겨레 21, 2019년 8월 1일 기사 참고). 100만의 신도를 어떻게 관리할 수 있을까? 동방번개의 조직은 효과적 통제가 가능한 중앙집권식 피라미드 구조로 이뤄졌다. 이는 이반석의 『이단 전능신을 밝힌다』(서울:문광서원. 2018)와 고바울의 책에서 확인된다.

1) 핵심인물 조유산과 여 그리스도 양향빈

교주 조유산(1951년 12월생)은 부운지(付云芝)와 1979년 결혼했다가 1995년 헤이룽장성에서 이혼했다. 이때 조유산은 22년 차이가 있는 양향빈(1973년 11월생)을 세상에 육신을 입고 나타난 '여 그리스도'로 내세우기 시작했다(고바울, 130). 이들은 전능신의 피라미드 조직의 최고 존엄과 같은 존재다. 조유산은 전능신 조직의 실세이며 조직전체의 행정 관리, 지역배치, 업무배정, 재정지출, 규칙제정, 실행 감독 그리고 리더 임명까지 주관한다. 양향빈은 여그리스도로 일컬어진다. 종교적 의미에서 그녀는 하나님의 이름으로 말씀을 전하고 가르치는 실세이자 구원의 실체이다(이반석. 40). 국내 사이비종교에서도 확인되지만 인간을 신앙의 대상으로 삼았을 때 얼마나 많은 폐단과 사회문제가 발생했는지 이미 한국사회는 많은 경험을 해왔다. 동방번개는 한국사회에서 암약하는 사이비종교와 다를 바 없는 조직을 갖고 있다.

2) 최고 지휘부서 감찰부

조유산은 중국 정부의 단속을 피해 2000년 미국으로 도주한 상태다. 이후 중국내 신도를 통제할 고위 단체가 필요하게 됐다. 그래서 탄생한 게 감찰부다. 책임자는 '하철신'을 임명했다. 하철신은 2006년까지 신도들을 지휘·통제하는 감찰부의 최고 책임자로 맹활약한다. 그는 동방번개가 200만 신도로 급증하는 데 혁혁한 공을 세운다. 그러나 그의 입지가 급부상하는 것을 조유산은 기쁘게 생각하기보다 근심했다. 급기야 2007년 9월 동북구 감찰원에 적그리스도 대적자가 생긴 것을 핑계로 하철신에게 책임이 전가되면서 평신도로 강등된다. 이후 하철신은 2009년 4월 동방번개를 탈퇴하기에 이른다.

3) 9개의 전국 목장조직

동방번개는 중국내 전국 조직을 호광·절민·천귀·소환·전예·진기·섬감·산동·요동 지역 등 9개 목장으로 나눴다. 목장에는 분야별 산하기구를 뒀다. 상부의 지시를 하부에 전달하는 컴퓨터팀, 헌금·헌물을 관리하고 인쇄물의 관리와 보관을 책임지는 실물팀, 신도를 교육하고 확장하는 설교팀 등이다. 목장은 다시 신도의 거처와 인원수를 바탕으로 대 구역과 소 구역으로 나누었다. 대 구역은 각 도시마다 소구역을 설립했고 책임자와 협력자, 그리고 설교자를 세워 관리토록 했다. 소구역 안에는 하부기관으로 20명~50명의 신도를 보유한 여러개의 교회를 거느리고 있었는데 교회도 내부에 5명~6명의 인원수로 구성된 소그룹을 만들어 점조직을 형성했다(이반석, 38-39).

각 계급마다 세워진 리더들은 하부조직을 훈련하고 점검하며 감독하는 역할과 신도들에 의해 모아진 헌금을 수납하여 상급에 전달하는 일을 책임지고 감당케 했다. 이들의 '가정'에 대한 개념이 독특한데 모두가 한 가정이라는 의미 아래 신도들의 헌금과 문서를 모아두는 보관가정, 큰 구역과 작은 구역, 작은 구역과 교회간의 상호연락을 위한 연락가정, 상급 인원들을 접대하는 접대가정, 컴퓨터팀의 공작실을 운영하는 업무가정, 각 계층의 리더와 협력자 그리고 설교자들의 쉼터와 거처공간으로 사용되는 휴식가정으로 나눠진다. 가정 해체가 가속화되는 현대 문명 속에서 이들은 오히려 대체가정 역할을 하며 신도들의 가슴 속에 자리잡고 있다. 이를 명목으로 동방번개는 매우 효과적으로 신도들의 사상·생각·정신은 물론 생활과 언어까지도 통제한다.

4) 전능신 조직의 관리 강령

국도행정이라는 행동강령을 뒀다. 이는 조직관리를 강화하고 조직성원들의 활동범주를 제한함으로 모든 신도들이 여 그리스도에 충성하도록 집중시키는데 목적을 두고 있다. 내용은 다음과 같다.

가. 누구든지 마음 속에 반대의견이 생기면 반드시 심판을 받는다.

나. 선택되어졌지만 이념이 온전치 못한 자는 즉각적인 관리와 교육을 받아야 한다.

다. 여 그리스도를 믿지 않는 자는 버림 받은 자로서 제멋대로 놔두었다가 마지막 심판 때에 영원한 멸망을 받게 된다.

라. 여 그리스도를 믿는자는 항상 하늘의 도우심과 보호하심 그리고 공급하심을 누리게 될 것이며, 하늘의 사랑이 저들의 육체에 채워져 결코 넘어지거나 치우치지 않을 것이다. 혹 연약함이 있을지라도 그것은 잠시 잠깐일 뿐 하늘에서 기억함이 없을 것이다

마. 믿되 오전히 믿지 않는 자는, 즉 하나님이 있다고 하면서도 여 그리스도를 따르지 않는 자는 가장 불쌍한 자로서 저들로 돌아와 구원에 이르도록 하는 것이 하늘의 뜻이고 또 우리의 일이다.

바. 먼저 '여 그리스도'로부터 장자의 칭호를 임명받은 자들은 복이 있을 지어다! 너희들은 마음껏 즐기고 누려도 막을 자가 없느니라. 왜냐하면 이미 너희를 위하여 이 모든 것이 예비되어 있기 때문이다(이반석. 49).

이들은 자신들만의 십계명도 만들어 놓았다 (정동섭, '중국교회

이단 동방번개파 비판'.『종교와 진리』, 2016년 5월호 110-111).

동방번개의 십계명

동방번개는 10조행정(十條行政)이라고 하는 새로운 십계명을 다시 만들어서 십계명을 지켜야 한다고 가르치는데 다음과 같다.

1계명: 사람은 하나님만을 경배하고 높여야 하며, 자신을 망령되이 여기거나 스스로 높이지 말라(여기서 말하는 '하나님'은 '여 하나님', '여 그리스도' 양향빈을 말한다.)

2계명: 사람은 하나님의 일에 유익하여야 하며, 하나님의 일을 방해해서는 안되며, 하나님의 이름을 잘 지켜야하고 하나님에 대해서 간증하여야 한다.

3계명: 사람은 금전, 물질뿐 아니라 모든 재산이나 재물을 하나님에게 드려야 한다. 이 재물은 제사장과 하나님 외에 사용하거나 누릴 수 없다. 왜냐하면 사람이 바친 재물은 하나님을 즐겁게 하기 위한 것이기 때문에 하나님은 제사장과 같이 재물을 향유하고 사람은 이러한 자격과 권리가 없다.(모든 물질과 재산, 제물을 '전능하신 하나님교'에 바치라고 가르친다. 그리고 여기서 말하는 '제사장'은 조유산을 말하고, '하나님'은 양향빈 '여 그리스도'를 말한다. 즉 그 둘 만이 재산과 재물을 사용할 수 있다는 것이다)

4계명: 사람은 부패한 성정을 가지고 있을 뿐 아니라 감정을 갖고 있기 때문에 봉사를 위하여 인원을 배치할 때에 누구도 예외없이 이성간에 짝을 이루지 않도록 해야 하고 만약 발견되면 추방한

다.(교인간의 이성교재를 금지한다)

5계명: 사람은 하나님과 하나님의 일을 마음대로 말하지 말아야 하며, 각기 자기의 할 일과 할 말만 할 것이며 범위와 한계를 벗어나지 않도록 하고 자기의 입과 걸음을 지켜야 한다.

6계명: 너의 해야 할 일만 하고 너의 의무를 다하고, 너의 직책을 이행하고, 네 본분을 지키고, 하나님을 믿으며 하나님의 일을 위해 일하고 그에게 모든 것을 드려라

7계명: 사람 교회에 봉사하는 중에 하나님에게 순종하여야 하며, 또한 성령이 사용하는 사람의 말을 들어야 하고 절대 복종해야 하고, 시비를 분석하지 말라. 옳고 그름을 판단하는 것은 하나님의 일로 너와 무관한 것이고, 너는 절대적으로 순종만 하라.(여기서 말하는 '성령이 사용하는 사람'은 조유산을 말하는데, 조유산의명령에 절대 복종하고 옳고 그름을 판단하지 말라는 것이다)

8계명: 사람이 하나님을 믿으니 당연히 하나님께 순종하고 사람을 높여서는 안되고 사람을 바라보지 말라. 네가 숭배하는 어떤 사람이라도 하나님과 동등히 여겨서는 안되며 사람으로 여겨야 한다.

9계명: 사람들은 당연히 교회 일을 생각하여야 하며, 육에 속한 장래의 일을 내려 놓아야 하고, 가정과도 단절해야 하고, 오직 온 마음과 뜻으로 하나님의 일에 집중해야 한다. 하나님의 일을 우선으로 하고, 자신의 생활을 뒤로 하는 것이 성도의 마땅한 본분이다.(장래를 위한 일도 포기하여야 하고 가정도 단절하여야 한다는 것은 이들의 사이비성을 증거하는 것이다)

10계명: 하나님의 집에 사람이 부족하지 않기 때문에 안믿는 친

척(자녀, 남편, 아내, 자매, 형제, 부모들)은 억지로 데려 오지 말고, 필요없는 사람이 외서 머리수를 채우는 것도 필요없고, 자원한 마음이 없는 사람도 교회로 데리고 오지 말라(교회에 대한 비난과 분쟁을 피하기 위하여 자원하지 않는 가족과 친척은 교회로 데리고 오지 말라고 가르친다).

이 십계명을 보면 동방번개는 교주 조유산과 여 그리스도만을 위한 전형적인 사이비 조직임을 알 수 있다.

5) 여 그리스도에 대한 최고의 사랑은 헌금·헌물

동방번개 신도들은 여그리스도를 사랑하고 경배하고 순종하고 충성하도록 세뇌된 상태이기 때문에 감언이설, 금전유혹, 색정공세, 공갈협박, 폭력 등의 반사회적 행위를 서슴없이 감행한다. 또한 여그리스도에 대한 사랑은 헌금·헌물로 표현되기 때문에 하부 조직에서부터 세뇌된 이들은 많은 헌금·헌물을 지속적으로 하게 되고 이는 궁극적으로 여그리스도라는 양향빈과 대제사장이라는 조유산에게 집중하도록 돼 있다(이반석. 80 참고). 이들이 교단 내에서 운영하는 '호법부'는 조직의 교리와 관리에 대항하는 신도들을 납치, 감금, 폭행, 상해 및 살인까지도 마다치 않도록 하는 행동 조직이다.

6) 그들만의 단어들(이반석 50-51).

가. 장자: 전능신 조직내의 핵심 간부들을 의미한다.

나. 아들: 전능신 조직의 중·하층의 오래된 신자들을 일컫는다.

이들은 여그리스도를 위해 물심양면으로 도움을 주는 충실한 종들이라고 주장한다.

다. 백성: 전능신 조직에 입교한 지 얼마 되지 않은 새신자들에 대한 호칭이다.

라. 도우미: 전능신 조직에 참여는 했지만 아직 세뇌되지 않고 본인의 사리사욕 혹은 주변의 공갈협박으로 활동하고 있는 자들을 부르는 칭호이다. '가라지'로도 불린다.

마. 멸망자: 전능신 조직에 속하지 않는 모든 자들을 뜻하는 칭호이다. '저주 받은 자', '집 지키는 개', '옛 종교 집단' '서기관', '제사장', '바리새인' 등 다양하게 불린다.

7) 포섭 대상의 선정

국내 사이비 단체인 신천지는 포섭 대상을 선별한다. 예를 들면 장애인, 노약자는 포섭하지 않는다라는 내부 규정이다. 효율적 조직관리와 확장을 위해서이다. 이와 마찬가지로 동방번개도 포섭대상을 선별한다. 이를 10불능이라고 하는데 10가지 사항 중 단 하나라도 해당되는 사람은 포섭 대상에서 제외한다는 규정이다. 그러나 이는 실체가 드러나자 여러 사항이 삭제되었다고 한다(이반석. 51-52).

가. 중국 정부로부터 허가된 기독교단체 소속의 성원들, 설교자, 사역자들.

나. 생김새가 이상하거나 흉측하거나 추한 사람.

다. 불치병에 걸렸거나 연로한 자.

라. 음란행위나 여색에 빠져 소문이 난 사람

마. 정부관원으로 근무하거나 은퇴한 자.

바. 심한 신체적 장애가 있는 자

사. 정신이상, 인격장애, 뇌전증 환자

아. 조직에서 이미 처벌받거나 출교당한 전능신교 신자

자. 중국 정부에서 사이비 종교로 판정 받아 규제대상이 되는 종교(파룬궁)의 신자

차. 업무 중에 조직에 중대한 손해를 입힌 자들은 버림 받은 자로서 일정기간 받아주지 않는다.

사이비 조직들은 신도들의 세 가지를 공통적으로 통제한다. 사상·생활·언어 통제가 대표적이다. 사상 통제에는 생각, 심리 등 정신 세계와 관련한 일이 포함된다. 이들은 여그리스도 양향빈과 대제사장 조유산을 절대자로 믿으며 그들에 대한 순종을 가장 큰 가치로 여기고 그들이 주장하는 교리를 생명으로 생각한다. 그 다음 생활 통제이다. 이를 위해 그들이 제공하거나 허락하는 미디어, 정보 이외에는 마음대로 접하지 못하게 막는다. 하루 일과를 관리자에게 보고하는 체계 또한 빠지지 않는다. 이를 통해 신도들이 한시라도 다른 생각을 하지 못하도록, 한시라도 교단 이외의 사람들과 접촉하지 못하도록 통제한다. 대한민국에 입국해 난민신청을 한 후 전국에 뿔뿔이 분산돼 있는 이들 조직은 일부 유스호스텔에 거주하며 외부와의 교류를 차단한 채 합숙생활을 하고 있다. 이들의 모든 게 통제되고 있다고 봐도 과언이 아니다. 마지막으로 언어 통제

이다. 이들은 자신들의 단체에서만 사용하는 독특한 단어들을 사용한다. 이를 통해 자신들의 단체에 소속했다는 소속감과 더불어 타인들과 구별된 특별한 공동체라는 자부심을 갖는다. 이는 바꿔 말하면 이단사이비 조직에 들어가기도 어렵지만 일단 한번 빠지고 나면 탈출하기 매우 어렵다는 것을 말해준다. 설령 빠져 나온다 해도 일반 사회의 적응이나 회복의 과정은 더욱 힘들다. 가장 좋은 방법은 처음부터 이단사이비의 문제점을 직시하고 빠지지 않는 예방이 최선이다. 전능신교의 조직이 사이비적 특성을 고스란히 간직하고 있음을 우리는 재확인했다. 다음 장에선 그들의 핵심 교리가 무엇인지 살펴보겠다.

"

진용식 목사의 『동방번개(전능신교)의 정체와 상담』은
동방번개파의 부도덕한 실체와
교리의 핵심적인 문제뿐만 아니라
그들을 어떻게 상담하여 회복시킬 것인지
다뤘다는 점에서 세계 최초의 책이라 할 수 있다.

"

2 장

동방번개의 핵심교리

동방번개는 교주를 신격화하고 교주를 하나님으로 믿게 하는 교리를 만들어 미혹하고 있다. 동방번개는 이를 위해 다섯 가지의 교리 구조를 사용하였다. 이 다섯 가지의 허구적인 교리는 국내의 통일교 문선명, 전도관 박태선, 신천지 이만희, JMS정명석, 하나님의 교회 안상홍 집단 등 교주를 신격화 하는 이단들이 다 동일하게 사용한다. 국가를 달리하면서도 교주를 신으로 믿게 하기 위해 동일한 교리 구조를 갖고 있다는 점은 매우 흥미로운 일이다. 정통 교인들이 이단·사이비에 빠지는 이유는 제 2장에서 언급하는 다섯 가지 교리 구조 때문인데 이들 집단에 미혹된 사람들은 이 다섯 가지 교리 구조가 깨져야만 회심할 수가 있다. 따라서 동방번개의 교리를 반증하기 전에 먼저 공통적으로 이단 사이비들이 갖고 있는 다섯 가지의 핵심적 교리를 살펴본다.

1. 삼시대론

1) 세 번째 시대가 있다.

모든 교주 신격화 이단들이 새로운 교주를 구원자, 재림주로 믿게 하기 위하여 공통적으로 가르치는 교리는 바로 '삼시대론' 이다. 즉 구약 시대가 끝나고 신약 시대가 왔듯이 이제는 신약 시대가 끝나고 새로운 시대가 왔다는 교리이다. 이에 대해 통일교 문선명은 구약 시대, 신약 시대. 성약 시대라 하고, 하나님의 교회 안상홍 집단은 성부 시대, 성자 시대, 성령 시대라고 한다. 신천지도 구약 시대. 신약 시대, 계시록 시대라고 한다. 이 삼시대론을 받아들이면 새로운 시대의 새로운 구원자를 믿게 되고 신약 시대가 되어 구약이 폐한 것처럼 새 시대의 계시가 등장하면 신약 시대의 신앙이 폐해진다는 것을 믿게 된다. 특히 구약 시대의 끝에 예수님이 오셨는데 유대인들이 구약만을 주장하고 예수님을 믿지 않았듯이 신약 시대가 끝나고 새 시대가 왔는데 신약성경만 믿고 새로운 구원자를 믿지 않게 되면 초림 때 대제사장 서기관 바리새인처럼 멸망당하고 구원받지 못한다고 가르치는 것이다. 이단들은 이러한 삼시대론을 공통적인 기본교리로 삼아 신도들에게 가르쳐 미혹한다. 동방번개도 다르지 않다. 여타 이단과 다르게 동방번개는 삼시대론을 구약 시대, 신약 시대, 국도시대가 있다고 한다.

> "하나님은 6천 년 경영 계획의 비밀을 풀어 사람으로 하여금 인류를 구원하는 하나님의 사역을 모두 세 시대, 즉 율법 시대와 은혜 시대와 국도 시대로 나누었다는 것을 알게 하셨습니다."(전능하신 하나님의 교회 출판, 국도복음 설교특집 p. 344).

세 번째 시대의 이름을 국도 시대라고 하였다. 국도 시대란 나라가 임하였다는 뜻이다. 구약 시대는 율법 시대로서 하나님이 영으로 오셨고, 신약 시대는 은혜 시대로서 하나님이 남자로 오셨고 국도 시대는 하나님이 여자로 오셨으니 바로 그가 '양향빈'이라는 것이다. 동방번개의 교리서는 다음과 같이 기록하고 있다.

> "예수는 인간 세상에 와서 은혜 시대를 가져오고 율법 시대를 끝마쳤다. 말세에 하나님은 또 말씀이 육신되었는데, 이번에 말씀이 육신 되어서는 은혜 시대를 끝마치고 국도 시대를 가져왔다."(전능하신 하나님교회 출판, 한국어판, 어린양이 펼친 책, 부록 p. 6).

여기에서 말세의 하나님이 바로 양향빈이다. 삼시대론은 새로운 구원자를 믿게 할 뿐 아니라 성경을 지나간 시대의 책으로 만들어 버리고 자신이 만든 교리를 이 시대의 말씀이라고 믿게 하는 교리이다.

"안타까운 점은 성경에는 두 단계의 사역만 기록되어 있다는 것이다. 하나는 여호와가 행한 율법 시대의 사역이고, 다른 하나는 예수가 행한 은혜 시대의 사역이다. 대선지자가 오늘날의 사역을 미리 예언해 두었더라면 더욱 좋았을 것이다. 성경에 '말세 사역'이라는 부분도 있다면 더 좋지 않았겠느냐? 그렇다면 오늘날의 사람들이 구태여 이렇게 많은 고통을 받을 필요가 있겠느냐? 너희를 참으로 난감하게 만들었구나! 이사야와 다니엘이 말세의 사역을 전혀 예언해 두지 않았다는 것이 한스럽고, 신약의 그 사도들이 두 번째로 성육신한 하나님의 족보를 미리 나열해 두지 않았다는 것이 원망스럽다."(동방번개 출판, 한국어판, 말씀이 육신으로 p.1200)

동방번개 교리에 의하면, 성경은 구약 시대와 신약 시대만 기록했고 세 번째 시대의 성육신한 하나님인 양향빈에 대하여 기록되지 않았으며 성경은 이 시대에는 맞지 않는 지나간 시대의 말씀이라는 것이다.

"오늘 너는 성경을 볼 필요가 없다. 왜냐하면 성경에는 무슨 새로운 것이 없고 모두 낡아빠진 것이기 때문이다. 성경은 역사 서적에 속한다. 네가 만약 성경 구약을 은혜 시대에 가져다 먹고 마시며 구약 시대에 요구한 것을 가지고 은혜 시대에서 실행한다면, 예수가 너를 저버릴 것이고 너를 정죄할 것이다. 네가 구약으로써 예수가 한 사역에 맞춘다면, 너는 바리새인이다. 네가 만약 현재 신약과 구약을 함께 먹고 마시고 실행한다면, 오늘의 하나님이 너를 죄로 정할 것이며, 너는 오늘의 성령의 역사를 따라갈 수 없다! 네가 구약도 먹고 신약도 먹는다면, 너는 성령 흐름 이외의 사람에 속한다! 예수 시대에 , 예수는 그때 성령이 그의 몸에 하는 사역에 따라 그 유대인들을 인솔하였고 그를 따르는 모든 사람들을 인솔하였다.”(어린 양이 펼친 책, p.519)

2) 세 번째 시대에 영생을 완성한다.

신약 시대(은혜 시대)는 예수님이 십자가에서 속죄하셨지만 성화 되어 영생을 얻게 하지 못했으며 세 번째 시대인 국도 시대에 사람 을 정결케 하여 영생을 얻게 한다는 것이다.

“율법 시대의 사역은 사람으로 하여금 죄를 깨닫게 하였고 은혜 시대의 사 역은 사람의 죄가 사함 받게 하였습니다. 그러나 사람이 아직 거룩함에 달 하지 못하였다면 하나님의 경영 사역은 정지하지 않을 것입니다. 그러므 로 사람의 죄가 사함 받은 후 말세에 하나님께서 또 사람을 철저히 정결 케 하는 사역을 하기 시작하셨는데, 친히 말씀이 육신 되어 사람들 가운 데 오셔서 진리를 발표하여 사람을 심판하고 사람을 정결케 하고 사람 안 의 패역과 불의를 제거하고 사람을 철저히 정복하고 온전케 하여 사람으 로 하여금 완전히 거룩히 되어 영생에 들어갈 수 있게 하십니다.”(국도복 음 간증문답 질문 71)

3) 세 번째 시대인 국도시대는 성화의 완성을 이룬다.

두 번째 시대인 은혜 시대는 죄 사함을 받게 했지만 성화를 이루 게 하지 못했다고 한다. 그러나 세 번째 시대인 국도시대에 양향빈 이 와서 성화의 완성을 이루게 한다고 한다. 예수님의 영원한 속죄

만으로는 구원 받을 수 없고 세 번째 시대의 역사를 믿어야 성화를 이루어 구원받을 수 있다는 것이다.

"전능하신 하나님의 말씀은 우리로 하여금 하나님의 역사에 대해서도 인식이 있게 하였고 하나님께서 인류를 구원하시는 사역이 시대별로 나누는 것임을 알게 하였고 우리가 받아들인 주 예수님의 역사가 단지 하나님이 인류를 구원하는 두 번째 단계 역사임을 알게 하였습니다. 만일 은혜시대에만 머물러 있다면, 우리의 패괴 성정은 영원히 벗겨질 수 없고 우리는 영원히 거룩함에 달하여 하나님의 나라에 들어갈 수 없습니다."(국도복음 간증문답 질문75)

"예수는 사람들 가운데 와서 많은 사역을 하였다. 하지만 그는 단지 전 인류를 구속하는 사역을 완성하였고 사람의 속죄제로만 되었을 뿐, 사람의 패괴 성정을 다 벗겨버리지는 않았다. 사람을 사탄의 권세 아래에서 완전히 구원해 내려면, 예수가 속죄제로 되어 사람의 죄를 담당하는 것이 필요할 뿐만 아니라 또한 하나님이 더 큰 사역을 하여 사탄에게 패괴된 사람의 성정을 완전히 벗겨버리는 것도 필요하다."(국도복음 간증문답 질문35)

"현재는 율법 시대에서 은혜 시대로 과도한 것처럼 바로 은혜 시대에서 국도시대로 과도하는 때이므로, 주 예수님의 영원한 속죄제는 이미 사람의 현시의 필요를 만족시킬 수 없게 되었습니다. 사람에게 오늘날 필요한 것은 죄의 매임에서 철저히 벗어나 거룩함에 달하여 하나님께 이끌려 아름다운 귀숙(歸宿)에 들어가는 것입니다."(국도복음 간증문답 질문75)

동방번개는 삼시대론을 통하여 새로운 구원자 양향빈을 믿게 하고 신구약 성경은 지나간 시대의 것이니 볼 필요가 없으며 새 시대에 재림주가 가져온 말씀을 믿어야 구원을 받는다고 가르치고 있다. 새로운 시대가 왔을 때는 그 시대의 구원의 역사를 받아들여야 구원받을 수 있다는 것이다. 지금은 양향빈이 왔는데 지난 시대의 구원자 예수만 믿고 양향빈을 받아들이지 않으면 구원받을 수 없다는 교리이다.

"오늘날 우리도 마찬가지로 시대가 바뀌는 관건적 시기에 처해 있습니다. 주님께서 이미 육신으로 돌아오셔서 새로운 사역을 하셨는데, 사람이 만일 예수님의 이름만 믿고 예수님의 역사와 말씀만 지키면서 육신으로 돌

	율법시대	은혜시대	국도시대
신의 성격	은밀함	자애, 관용	공의, 위엄, 노함
신의 이름	여호와	예수	전능자
신의 성별	무	남	여
일하는 지점	이스라엘	유다지방	중국
육신으로 온 것과의 관계	무	성령으로 잉태하여 유대인 형상으로 나타남	성령이 다시 중국 사람의 형상으로 재림함
신이 하는 일	인간의 지상 생활을 지도하고 인도하지만, 사람을 구원하지는 못함	대속하고, 자비롭고 긍휼히 여김	정복, 공의로우며, 노하며, 순복하지 않는 자들을 심판하고, 사탄을 완전히 정복함
사람이 해야 할 일	율법을 준수	그리스도를 영접	'여 그리스도'에게 순복

아오신 주님(즉 전능하신 하나님)을 믿지 않고 하나님의 말세의 새 역사를 따르지 않는다면, 영생의 약속을 잃게 될 뿐만 아니라 하나님께 정죄받을 것입니다."(국도복음 간증문답 질문64)

동방번개는 새 시대가 왔을 때는 지난 시대의 도는 버려야 한다고 주장한다. 예수님의 구속을 믿고 구원 받는 것은 은혜 시대의 것이니 새 시대가 왔을 때는 과거 시대의 복음을 버리고 새 교리를 받아들여야 구원받을 수 있다는 것이다.

"하나님께서 새 시대 사역을 하실 때면 사람은 마땅히 옛 도를 버리고 새 도를 받아들여야 합니다. 이 새로운 시대에서 하나님께서 하시는 새로운 사역이 바로 참 도입니다. 그러므로 하나님의 사역이 시대적으로 바뀔 때 하나님을 믿는 사람으로서는 마땅히 옛 도를 포기하고 하나님의 새 시대의 역사를 받아들여야 합니다. 이러한 사람이야말로 참 도를 간절히 사모하는 사람이고 하나님의 발자취를 따르는 사람인데, 꼭 하나님의 새 시대의 구원의 은혜를 받을 수 있습니다."(국도복음 간증문답 질문64)

2. 영육 합일교리

1) 영이 육에 임함

이단집단의 교주들이 교주를 신격화 할 때 사용하는 교리 중 하나가 '영육 합일교리'이다. 이는 하나님의 영이 인간의 육신에 임하여 하나가 되어 신이 된다는 것인데, 하나님의 영이 임한 사람이 하나님, 예수의 영이 임한 사람이 예수가 된다. 이러한 영육 합일교리는 교주에게 인간적인 연약성이 있을 지라도 하나님이라고 믿어지게 하는 교리이다. 이단 신도들이 인간을 하나님이라고 믿고 있는 것은 이러한 영육 합일교리 때문이다. 영육 합일교리는 교주 신격화 이단 교주들이 다 사용하고 있다. 통일교 신도들은 문선명에게 재림주의 영이 임하였다고 믿고 있다. JMS 정명석 집단의 신도들도 정명석에게 예수의 영이 임하였다고 믿는다. 신천지 집단의 신도들은 이만희에게 예수의 영이 임하여 있다고 믿고 있다. 신천지 신도들은 이만희를 말할 때마다 "영은 육을 들어 쓴다."라는 말을 한다. 영육 합일교리에 미혹되어 이만희에게 예수의 영이 합일되었다고 믿는 것이다. 동방번개의 교리도 영육합일교리로 되어있다. 즉 양향빈에게 전능하신 하나님의 영이 임하였기 때문에 여자 하나님이라는 것이다.

"1991년 교회에서 갑자기 한 자매한테 성령이 임하더니 그 자매가 갑자기 신의 재림에 대하여 간증하기 시작하였는데 현장의 모든 이들은 이 상황에 놀랄 뿐, 아무도 그 이유를 아는 자가 없었다. 그로부터 여자 그리스도는 본격적으로 말씀을 전하기 시작하였는데 말씀의 은혜가 가득하고 집회에 참석한 모든 사람들은 성령의 역사를 함께 경험하였다. 말씀을 전하는 횟수가 늘어남에 따라 집회에 참석한 사람들은 여자 그리스도의 말씀에 완전히 사로잡혔다. 그때까지만 하더라도 신도들은 그가 말씀이 육신이 된 그리스도라는 것을 알지 못하였기 때문에, 모두 그를 성령 받은 평범한 자매라고 여기고 그를 자매라고 불렀다. 그 후, 신의 말씀에 큰 은혜가 임하면서 말씀 가운데 '말씀이 육신이 되었다'는 내용이 나타나기 시작하였고 성령이 인간의 몸에 임하는 것과 평범한 성령사역 양자의 구별 및 성육신의 비밀이 드러나기 시작하였다. 이때에야 사람들은 비로소 말씀을 전하는 자매가 말씀이 육신으로 임한 신이고 그리스도임을 깨닫게 되었다."(현대종교, 2020년11월호 p110-111)

2) 영육합일로 재림

이러한 영육 합일 교리는 교주를 재림주로 만드는 교리로 사용한다. 예수님의 재림은 영육합일의 방식으로 이루어지는데 교주에게 예수님의 영이 임하여 재림주가 되었다는 것이다. 이러한 주장을 하기 위해 예수님의 초림도 영육합일로 되었다고 한다. 즉 하나님의 영이 예수님에게 임한 것이 초림이라는 것이다. 예수님도 영이 임하기 전에는 평범한 인간이었다고 한다. 평범한 인간이었던 예수에게 영이 임함으로 그리스도가 되었다는 것이다. 동방번개 교리서에는 또 다음과 같이 기록되어 있다.

"예수가 이적과 기사를 나타냈다고 해서 그가 정상적인 사람이 아니라 초자연적인 인간이었다고 할 수는 없다. 다만 성령이 그처럼 평범한 사람에게 역사했기 때문에 그가 이적을 나타내고 더 큰 사역을 할 수 있었던 것이다. 예수가 직분을 이행하기 전, 성경의 표현대로 영이 그의 몸에 내려오기 전에 예수는 정상적인 사람이었고, 초자연적인 것이 전혀 없었다."(말씀이 육신으로 p.1275)

예수님도 영이 임하기 전에는 평범한 사람이었다고 주장하는 것이다.

> "예수가 세례를 받은 후 '성령이 비둘기같이 그의 몸에 임하더니', 그가 곧 역사하기 시작하였다. 즉 그리스도의 직분을 한 것이다. 그러므로 그에게 하나님의 신분이 있게 되었다. 왜냐하면 그가 바로 하나님으로부터 왔기 때문이다"(어린양이 펼친 책, p.541)

평범한 사람이었던 예수에게 영이 임함으로 그리스도가 되고 하나님의 신분이 되었다는 것이다. 이처럼 평범한 사람인 교주에게 예수님의 영이 임하여 하나님이 되고 재림했다는 교리가 영육합일 교리이다. 이러한 주장은 신천지 이만희의 교리이기도 하다. 동방번개는 예수님의 영이 중화 대륙에 있는 평범한 인간인 양향빈에게 '은밀하게' 임하여 그녀가 재림주가 되었다고 주장한다.

> "하나님은 중화 대륙, 즉 홍콩이나 대만 동포가 말하는 내륙에 성육신하였다. 하나님이 하늘에서 땅에 왔을 때, 하늘에서도 땅에서도 아무도 알지 못했다. 이는 하나님이 은밀히 재림한 참뜻이기 때문이다. 그가 육신을 입고 사역하면서 오랜 시간을 보냈는데도 이를 아는 사람은 없었다. 그리고 오늘날까지도 아는 이가 없다. 어쩌면 이는 영원한 '수수께끼'로 남을 수도 있겠다. 하나님이 이번에 육신으로 왔다는 것을 알 수 있는 사람은 없다. 영이 얼마나 대단한 기세로 역사하든 하나님은 시종일관 내색하지 않으며, 빈틈을 보이지 않는다."(동방번개 출판, 한국어판, 말씀이 육

신으로 p.1137-1138)

이러한 영육합일의 재림 교리는 국내의 신천지 외에도, 정명석, 통일교 등의 이단들이 사용하고 있는 공통교리이다. 영육합일의 재림 교리를 주장하는 이단들은 재림에 예언된 구름에 대해서도 동일한 해석을 한다. 즉 재림 때 구름타고 오신다는 예언은 실제 구름이 아니고 영으로 오시는 것이라며 구름을 영이라고 비유 풀이를 한다. 이는 동방번개도 다르지 않다. 그들의 교리서를 직접 확인해 보자.

"그가 이미 강림했지만 사람들은 그를 전혀 알아보지 못하고, 그가 강림한 사실도 알지 못한 채 하염없이 그를 기다리고만 있다. 사실 그는 이미 '흰 구름'(여기서 흰 구름은 그의 영과 그의 말씀, 그리고 그의 모든 성품과 어떠함을 뜻함)을 타고 말세에 온전케 하려는 이기는 자들 가운데 강림했다."(말씀이 육신으로 p. 1551)

"그가 이미 흰 구름을 타고 (흰 구름은 그의 영) 말세에 온전케 하려는 한 무리의 이기는 자들 가운데 강림하였다는 것을 사람이 어찌 생각이나 했겠는가!"(어린양이 펼친 책, p.6)

이처럼 다른 이단사이비들과 동일하게 동방번개 또한 성경에서 재림 때 구름타고 오신다는 말은 예수님의 영이 교주에게 임하는 것을 예언한 것이라고 한다.

3) 영육합일 성육신

동방번개는 영육합일의 방식으로 성육신을 한다고 한다. 평범한 사람의 육에 하나님의 영이 임함으로 하나님이 성육신 하신다는 것이다.

> "그를 하나님의 사랑하는 아들이라고 하지만, 그는 여전히 하나님 자신이다. 그는 단지 영이 입은 육신일 뿐, 본질은 여전히 영이기 때문이다. 사람은 '하나님 자신이면서 왜 기도하지?'라고 여길 수 있다. 그것은 단지 그가 성육신한 하나님, 육신에 거하는 하나님이지 하늘에 있는 영이 아니기 때문이다."(말씀이 육신으로 p. 1551)

초림 때 예수님에게 영이 임함으로 성육신한 것이라는 말이다. 동방번개의 성육신 교리는 하나님의 영이 육신에 왔을 때 성육신이라고 하여 영이 육신을 거처로 삼은 것이라고 한다. 이들의 교리서를 보자.

> "그의 도성육신은 다만 영이 역사할 하나의 적합한 거처를 찾아서 육신의 사역에 달하기 위한 것이며 , 사람으로 하여금 그의 사역을 보게 하고 그의 성품을 접촉하게 하고 그의 언어를 듣게 하고 그의 역사 기묘를 인식하게 하는 데에 달하기 위한 것이다."(어린양이 펼친 책, p. 503)

이러한 성육신이 초림 때 예수님에게 이루어졌고 두 번째는 중국 여자 양향빈에게 이루어졌다는 것이다.

"이번 도성 육신은 예수의 역사를 이은 후의 하나님의 두 번째 도성 육신이다. 물론 , 이번에 말씀이 육신된 것도 독립일체가 아니라, 율법 시대 – 은혜 시대를 이은 후의 제 3단계 역사이다."(어린양이 펼친 책, p. 6)

"하나님 도성육신이 중국에 은밀히 강림하셔서 한 단계 정복 구원의 사역을 하셨습니다."(어린양이 펼친 책, p. 1)

하나님의 영이 인간의 육신에 영육 합일하는 것을 성육신이라고 하며 성육신한 하나님을 '그리스도'라고 주장한다. 그래서 하나님의 영이 양향빈에게 임해 성육신했고 양향빈은 '여 그리스도'라고 주장하는 것이다.

"그러므로 하나님이 땅에 오는 순간 '그리스도'라고 불리는 것이다. 이것이 성육신에 내포된 의미이다."(말씀이 육신으로 p. 1550)

3. 성경 비판 교리

동방번개의 교리들을 믿게 하기 위하여 성경으로 이를 증명하기는 어렵다. 특히 교주 양향빈을 그리스도 재림주로 믿게 하는 교리는 전혀 성경의 근거가 없고 비성경적이기 때문에 더욱 힘들다. 이러한 비성경적인 엉터리 교리를 믿게 하기 위해 만든 것이 '성경 비판' 교리이다. 성경을 비판하여 성경을 불신하게 하는 교리인 것이다. 동방번개 집단은 실제로는 성경을 중요하게 생각하지 않는다.

"그러므로 우리는 성경을 연구하지 말고 성경을 파고들지 말며, 가장 좋기는 성령이 하는 사역, 바로 하나님 자신이 하는 현시 사역을 말해 봅시다."(어린양이 펼친 책, p. 576),

"이 도의 흐름 속에 있는 사람은 현재에 성경을 중시하지 않는다."(어린양이 펼친 책, p. 772)

1) 성경은 시대가 지난 책이다.

동방번개 집단이 성경을 부정하는 첫 번째 이유는 성경은 이 시대에 맞지 않는다는 것이다. 삼시대에서 현 시대는 세 번째 시대인데 성경은 지나간 두 시대의 책이라는 것이다.

"또 하나 안타까운 점은 성경에는 두 단계의 사역만 기록되어 있다는 것이다. 하나는 여호와가 행한 율법 시대의 사역이고, 다른 하나는 예수가 행한 은혜 시대의 사역이다. 대선지자가 오늘날의 사역을 미리 예언해 두었더라면 더욱 좋았을 것이다. 성경에 '말세 사역'이라는 부분도 있다면 더 좋지 않겠느냐? 그렇다면 오늘날의 사람들이 구태여 이렇게 많은 고통을 받을 필요가 있겠느냐? 너희를 참으로 난감하게 만들었구나! 이사야와 다니엘이 말세의 사역을 전혀 예언해 두지 않았다는 것이 한스럽고, 신약의 그 사도들이 두 번째로 성육신한 하나님의 족보를 미리 나열해 두지 않았다는 것이 원망스럽다."(말씀이 육신으로 p. 1199-1200)

성경은 구약 시대와 신약 시대에 대하여 기록한 것이지 세 번째 시대인 말세에 대하여 기록하지 않았다는 것이다. 그들의 말로 하면 세 번째 시대인 말세가 국도 시대인데 성경에 기록되지 않았기 때문에 더 이상 성경을 볼 필요가 없다는 주장이다. 결국 성경은 이 시대에는 맞지 않는다는 주장으로 성경을 비판하는 것이다.

> "우리는 성경이 틀렸다고 말하는 것이 아니라 네가 이전의 것을 가지고 오늘의 것에 끼워 맞추면 반드시 틀릴 것이고 틀림없이 맞출 수 없다고 말하는 것이다. 마치 은혜 시대와 같은데, 사람들이 여호와를 예수에게 맞추니 맞출 수 있었느냐? 맞출 수 없었다. 그럼 이전의 예수를 오늘날의 하나님께 맞춘다면? 맞출 수 있겠느냐? 맞출 수 없다."(동방번개 출판사, 하나님의 초기교통. p. 20)

2) 성경을 주장하면 바리새인이다.

예수님의 초림 당시에 바리새인들이 구약 성경으로 예수님을 정죄하고 십자가에 못 박았듯이 오늘날도 성경을 주장하면 바리새인과 같은 죄를 짓게 된다고 주장한다.

> "그들은 경문을 너무나도 중요하게 보는데 , 그들이 글귀를 너무 중요하게 본다고 할 수 있다. 심지어 그들은 성경의 장절로써 나의 매 마디 말을 가늠하고 성경의 장절로써 나를 정죄하기까지 한다. 그들이 찾고 구하는 것은 나와 합하는 도가 아니고 진리와 합하는 도가 아니라 , 성경의 글귀와 서로 부합될 수 있는 도를 찾고 구하는 것이다. 그들은 무릇 성경과 맞

지 않는 것은 모두 나의 역사가 아니라고 여기는데 , 이 사람들은 모두 바리새인의 효자 효손들이 아닌가? 유대의 그 바리새인들은 모세의 율법으로써 예수를 정죄하였다."(어린양이 펼친 책, p. 30)

오늘날 성경을 가지고 성경으로 증거하려고 하는 것은 바리새인의 죄를 짓고 있는 것이라고 한다. 진정한 진리를 찾지 않고 성경에만 매이는 것은 성경의 노예가 된다는 주장이다.

"그들은 진리를 찾고 구하는 사람이 아니라 글귀를 사수하는 사람이며, 그들은 하나님을 믿는 사람이 아니라 성경을 믿는 사람이다. 좀 더 투철하게 말하면 , 그들은 모두 성경을 지키는 노예들이다. 성경의 이익을 수호하기 위하여, 성경의 존엄을 수호하기 위하여, 성경의 명망을 수호하기 위하여, 그들은 결국 인자한 예수를 십자가에 못 박았다. 그들이 이렇게 한 것은 다만 성경의 편을 들기 위한 것이었고, 다만 사람 마음속에 있는 성경의 한 글자 한 구절의 지위를 수호하기 위한 것이었다."(어린양이 펼친 책, p. 30)

3) 성경을 맹신하는 것은 하나님께서 증오하신다.

동방번개파는 기독교인들이 성경을 맹신하고 있다고 주장한다. 하나님보다 성경을 우상시하기 때문에 잘못이라는 것이다.

"성경은 사람과 수천 년을 함께했고, 사람은 성경을 하나님처럼 대했으며, 심지어 말세에 이르러서는 성경으로 하나님의 자리를 대신했기 때문이다.

이는 하나님이 몹시 증오하는 일이다."(말씀이 육신으로 p. 727)

즉 이들에 의하면 기독교인들이 성경을 하나님의 자리에 놓고 있는데 말세에는 기독교인들이 성경을 버려야 하나님을 만날 수 있다는 것이다.

"사람이 성경이라는 틀에서 벗어나지 못한다면 영원히 하나님 앞에 올 수 없다. 하나님 앞에 오고 싶다면 무엇보다 먼저 마음속에서 하나님을 대신하고 있는 모든 존재를 지워버려야 한다. 그래야만 하나님을 흡족케 할 수 있다."(말씀이 육신으로 p. 728)

4) 성경에서 벗어나야 구원받을 수 있다.

동방번개파는 자신들의 역사를 성령의 역사이며 신약 이후의 새 역사라면서 이 역사에 참여하고 구원받으려면 성경에서 벗어나야 한다고 주장한다. 이들의 교리서를 보자.

"네가 오늘 새 길을 걸으려면, 너는 성경에서 나와 성경에 기재된 예언서나 역사서의 범위를 초월해야 한다. 이래야만, 새로운 길을 잘 걸을 수 있고 새로운 경지에, 새로운 역사에 진입할 수 있다. 현재 무엇 때문에 너더러 성경을 보지 말라고 하는지, 무엇 때문에 성경 이외에 또 다른 사역이 다른 사역이 있게 되었는지, 무엇 때문에 성경에서 더 새롭고 더 세밀한 실행을 찾지 않고 성경 이외에 또 더 큰 사역이 있게 되었는지를 너는 깨달아야 한다. …더 높은 도가 있는 이상, 하필 그 낮고 때가 지난 도를 연구할 필요가 있는가? 더 새로운 말씀과 더 새로운 사역이 있는 이상, 하필 아직도 낡은 역사 기재 속에서 살 필요가 있는가? 새로운 말씀이 너를 공급할 수 있으면 , 이것이 새로운 사역임을 증명한다. 낡은 기재가 너를 배부르게 할 수 없고 너의 현시의 필요를 만족시킬 수 없으면 , 이것은 역사(歷史)이고 현시의 사역이 아님을 증명한다. …비록 '성서'에 기재되었다 하더라도 옛 도는 역사(歷史)이며, 비록 '성서'에 한 페이지도 기재되지 않았다 하더라도 새 도는 현실이다. 이 도가 너를 구원 할 수 있고 , 이 도가 너를 변화시킬 수 있다, 왜냐하면 이것은 성령의 사역이기 때문이다."(어린양이 펼친 책, p. 518)

시대가 바뀌었기 때문에 더 이상 성경을 볼 필요가 없다는 것이 이들의 주장이다. 심지어 이들은 성경을 계속 본다면 예수님의 정죄를 받을 것이라고 한다.

"오늘 너는 성경을 볼 필요가 없다. 왜냐하면 성경에는 무슨 새로운 것이 없고 모두 낡아빠진 것이기 때문이다. 성경은 역사 서적에 속한다. 네가 만약 성경 구약을 은혜 시대에 가져다 먹고 마시며 구약 시대에 요구한 것을 가지고 은혜 시대에서 실행한다면, 예수가 너를 저버릴 것이고 너를 정죄할 것이다."(어린양이 펼친 책, p. 519)

지금은 은혜 시대가 지났기 때문에 성경은 더 이상 볼 필요가 없고 오히려 성경에 매여 있으면 예수님에게 정죄를 받게 된다는 것이다. 결국 이 시대 사람들에게는 성경은 쓸모없는 책이 되었다는 것이다.

"그러므로 성경은 오늘 말세의 사람에게는 별로 쓸모가 없게 되었으며, 기껏해야 하나의 임시 참고로 되고 별로 큰 사용 가치가 없다."(어린양이 펼친 책, p. 523)

이들은 이제 새 시대가 왔으니 성경을 버리고 새 시대의 역사를 받아들여야 구원을 받는다고 주장한다.

"형제자매님, 이 결정적인 순간에 어떻게 선택하시겠습니까? 자기의 관념을 버리고 바리새인들이 실패한 교훈을 받아들여 하나님의 새 시대 역사의 발걸음을 따라 가시겠습니까? 아니면 여전히 '모든 성경은 하나님의 감동으로 된 것이다.' 이런 관점을 주장하면서 전능하신 하나님의 말세 구원을 잃겠습니까?"(국도복음 설교특집 p. 143)

동방번개파의 성경비판 교리는 자신들의 교리를 성경으로 증명할 수 없기 때문에 성경을 불신하게 만들고 자신들의 비 성경적인 교리를 변증하기 위해 만든 것이다.

4. 교주 신격화

이단들이 신도들을 미혹할 때 교주를 신격화하는 교리를 만들어 사용한다. 인간에게는 숭배심이 있다. 이 숭배심은 하나님을 찾는 마음이다. 이러한 숭배심을 자극하여 가짜 하나님 교리를 가르쳐서 믿게 하는 것이 이단의 미혹 방법인 것이다. 동방번개도 이러한 방법을 사용하고 있다. 교주 양향빈을 여 그리스도, 전능하신 하나님, 성육신하신 하나님 등으로 신격화하여 신도들을 미혹하고 있다.

1) 재림 주

동방번개파는 양향빈을 중국에 강림하신 재림 주 하나님이라고 주장을 한다.

> "하나님 도성육신이 중국에 은밀히 강림하셔서 한 단계 정복 구원의 사역을 하셨습니다. 그리스도의 말씀에 정복되어 지극히 큰 구원을 받은 우리 이 한 무리 사람들은 하나님의 말씀이 좌우에 날선 검과 같아 실로 사람을 구원하고 사람을 변화시키고 사람을 온전케 하여 인류로 하여금 사탄의 죄악에서 벗어나 완전히 하나님께 얻어지게 할 수 있음을 체득하였고 , 더욱이 그리스도가 확실히 진리의 길. 생명임을 체득하였습니다."(어린양이 펼친 책, p. 1)

성경에는 재림 주가 구름을 타고 오신다고 예언되어 있다.

> "볼지어다 구름을 타고 오시리라 각 사람의 눈이 그를 보겠고 그를 찌른 자들도 볼 것이요 땅에 있는 모든 족속이 그로 말미암아 애곡하리니 그러하리라 아멘"(계1:7)

동방번개파는 이 말씀대로 예수님이 흰 구름을 타고 재림하셨는데 바로 중국의 양향빈이라고 한다.

"그가 이미 강림하였지만, 사람들은 알아보지 못하였다. 사람들은 알지도 못하고 다만 아무런 목적도 없이 그를 기다리고 있을 뿐이다. 그가 이미 흰 구름을 타고 (흰 구름은 그의 영, 그의 말씀. 그의 모든 성품과 교시를 가리킨다) 말세에 온전케 하려는 한 무리의 이기는 자들 가운데 강림하였다는 것을 사람이 어찌 생각이나 했겠는가"(어린양이 펼친 책, p. 6)

이들은 재림 주가 여성으로 와야 한다고 주장한다. 초림 때는 남성으로 재림 때는 여성으로 오는데, 중국 여성으로 재림하였다고 한다.

"하나님이 하는 매 단계 사역은 다 실제적 의의가 있다. 당초에 예수가 올 때는 남성이었고, 이번에 올 때는 여성이다. 여기로부터 너는 하나님이 남자를 만들고 여자를 만든 것은 모두 그의 사역을 위할 수 있고 또한 하나님에게는 성별의 구분이 없다는 것을 볼 수 있다."(어린양이 펼친 책, p. 6)

말씀이 육신이 되었다는 것은 육신이 남성도 있고 여성도 있으니 온전한 육신이 되려면 남성과 여성의 몸을 다 입어야 한다는 주장이다. 따라서 초림 때 남성의 몸을 입었으니 재림 때는 여성의 몸을 입어야 온전한 육신이 된다는 것이다.

"하나님의 육신 중의 사역은 정복 사역 중에서 철저히 완전케 되는 것이다. 그러나 첫 번째의 구속 사역은 다만 도성육신의 시작의 사역이다. 정복 사역 중의 육신이 비로소 도성육신의 전부의 사역을 보충하게 되었다. 성별에서 하나는 남성이고 하나는 여성이므로 말씀이 육신 된 의의를 완전케 하였다."(어린양이 펼친 책, p. 955)

2) 그리스도

동방번개파는 하나님이 성육신 했을 때 '그리스도'라고 부른다고 한다.

"성육신 하나님을 그리스도라 일컫는다. 그렇다면 하나님의 성육신을 믿지 않는 자는 바로 적그리스도가 아니냐? 네가 믿고 사랑하는 분이 정말 육신에 거하는 이 하나님이 맞느냐?"(말씀이 육신으로 p. 1643)

"성육신 하나님을 가리켜 그리스도라 한다. 그리스도는 하나님의 영이 입은 육신이며, 이 육신은 육에 속한 그 어떤 사람과도 다르다. 다르다는 것은 그리스도가 육에 속하지 않은, 영의 화신이기 때문이다. 그리스도는 정상 인성과 완전한 신성을 모두 갖고 있으며, 그의 신성은 어느 누구에게도 없는 것이다. 그의 정상 인성은 육신으로 하는 모든 정상적인 활동을 유지하기 위한 것이고, 신성은 하나님 자신의 사역을 위한 것이다. 인성이든 신성이든 모두 하나님 아버지의 뜻에 순종한다."(말씀이 육신으로 p. 1781)

동방번개파는 예수 그리스도의 성육신 사건을 일반화해 육신을 가진 사람도 그리스도가 될 수 있다고 주장한다. 성육신한 하나님이신 그리스도를 사람들은 어떻게 분별하는가? 이들은 그리스도에게는 일반인이 가지지 않은 신성과 그리스도의 성품이 있다고 한다. 사람들은 그리스도의 성품과 신성을 보고 그리스도를 알아볼 수 있다고 한다.

> "그리스도는 그리스도의 어떠함을 나타내지만 그리스도가 아닌 자에게는 그리스도의 성품이 없다. 그러므로 사람들이 그를 대적하거나 그에 대한 고정관념을 갖고 있다 하더라도 어느 누구도 그리스도가 나타낸 성품이 하나님의 성품이 아니라고 부인할 수 없는 것이다. 진심으로 그리스도를 추구하는 사람, 하나님께 구하는 사람은 그리스도의 신성을 보고 그가 그리스도임을 인정할 것이며, 절대 사람의 관념에 부합하지 않는 어떤 것을 이유로 그리스도를 부정하지 않을 것이다."(말씀이 육신으로 p. 1786)

그리스도는 그리스도의 신성을 가지고 있으며 그리스도의 성품을 나타내기 때문에 그것으로 그리스도를 분별할 수 있다는 것이다. 뿐만 아니라 그리스도는 하나님의 사역을 한다고 한다. 하나님의 사역을 하기 때문에 하나님이라고 부를 수 있다고 한다.

> "하나님이 왔을 때 그를 알아보는 사람이 없었을지라도 그는 계속 사역을 행하며, 또한 영을 대표해 사역한다. 네가 그를 사람이라고 불러도 좋고, 하나님이라고 불러도 좋고, 주님이든 그리스도든 자매든 어떻게 불러도 괜찮다. 하지만 그가 하는 사역은 영의 사역을 대변하고 하나님 자신의 사

역을 대변한다."(말씀이 육신으로, p. 1267)

　이들은 그리스도에 대한 교리대로 하나님이 성육신한 육체, 그리스도의 신성과 성품을 가지고 하나님의 사역을 하는 자가 있다고 한다. 바로 중국 땅에 태어난 양향빈이고 그녀가 말세에 성육신한 그리스도라는 것이 이들의 주장이다.

　"하나님 도성육신이 중국에 은밀히 강림하셔서 한 단계 정복 구원의 사역을 하셨습니다. 그리스도의 말씀에 정복되어 지극히 큰 구원을 받은 우리 이 한 무리 사람들은 하나님의 말씀이 좌우에 날선 검과 같아 실로 사람을 구원하고 사람을 변화시키고 사람을 온전케 하여 인류로 하여금 사탄의 죄악에서 벗어나 완전히 하나님께 얻어지게 할 수 있음을 체득하였고, 더욱이 그리스도가 확실히 진리의 길. 생명임을 터득하였습니다."(어린양이 펼친 책 p. 1)

　이렇게 양향빈이 말세에 그리스도로 나타났으니 양향빈을 '말세의 그리스도'라고 한다.

　"찬미가 시온에 다다르고, 하나님의 거처가 나타났도다. 영광의 성호에 대한 만백성의 찬양이 세상에 널리 퍼지고 있도다. 아! 전능하신 하나님! 우주의 머리, 말세의 그리스도, 그는 빛나는 태양이요, 온 우주의 위엄 넘치는 광활한 시온 산에 솟아 올랐도다…"(말씀이 육신으로 p. 11)

말세의 그리스도라고 하는 양향빈이 진리를 가져왔기 때문에 양
향빈을 믿어야 구원 받을 수 있다는 것이 이들의 주장이며 교리이다.

> "말세의 그리스도가 가져온 것은 생명이고, 영원하고 영원한 진리의 도이
> 다. 이 진리가 바로 사람이 생명을 얻는 길이자 하나님을 알고 하나님께
> 칭찬받는 유일한 길이다. 말세의 그리스도가 공급하는 생명의 도를 찾지
> 않는다면, 너는 영원히 예수의 칭찬을 받을 수 없고 영원히 천국의 대문에
> 들어설 자격도 없다."(말씀이 육신으로 p. 1869)

3) 전능하신 하나님

동방번개파는 양향빈을 재림 주, 말세의 그리스도로 만들어서 전
능하신 하나님으로 신격화를 하고 하나님이라고 부르고 있다.

> "아! 전능하신 하나님! 우주의 머리, 말세의 그리스도, 그는 빛나는 태양
> 이요, 온 우주의 위엄 넘치는 광활한 시온 산에 솟아올랐도다…."(말씀이
> 육신으로 p. 11)

말세에 중국으로 성육신한 하나님이 바로 양향빈이라는 것이며
전능하신 하나님을 믿는다고 하여 교회 이름도 '전능하신 하나님
의 교회'로 지었다.

> "당신은 성육신한 전능하신 하나님이시나이다. 당신이 왕권을 잡으시고
> 공개적으로 드러내셨으니 더는 비밀이 아니라 모든 것이 영원히 드러났나

이다! 나는 진정 완전히 드러냈고 공개 적으로 강림했으며, 공의로운 해로 나타났다. 지금은 더 이상 새벽별이 나타나는 시대도, 은밀한 단계도 아니기 때문이다."(말씀이 육신으로 p. 11)

이들은 하나님의 이름이 시대마다 바뀌었다고 하는 '새이름 교리'도 주장한다. 구약에서는 '여호와'로 신약에서는 '예수'로 불렀는데 말세에는 '전능하신 하나님'으로 부른다는 것이다.

"그러므로 말세의 시대, 즉 마지막 시대가 도래하면 나의 이름은 또 바뀌게 된다. 여호와는 물론 예수라고도 칭하지 않고, 메시야라고는 더욱 칭하지 않는다. 대신 크나큰 능력을 갖춘 전능하신 하나님 자신이라고 칭하는데, 나는 이 이름으로 전체 시대를 끝낸다. 나는 여호와라고 칭한 적이 있고, 사람들에게 메시야로 불린 적도 있다. 사람들은 나를 우러러 구주 예수라고 부르기도 했다."(말씀이 육신으로 p. 1553)

이러한 주장은 신천지나 안상홍의 새 이름 교리와 일치한다. 이들은 한결같이 하나님의 이름이 구약에서는 '여호와' 신약에서는 하나님의 이름이 바뀌어 '예수' 라고 불렀다고 한다. 그런데 지금 시대에는 하나님의 이름이 다시 바뀌어 교주의 이름이 하나님의 새 이름이라고 주장하는 것이다.

"하나님의 신분에 대한 너희의 정의는 여전히 율법 시대의 여호와 하나님과 은혜 시대의 주 예수의 이름에 머물러 있다. 또한, 하나님나라시대(역

주: 왕국시대)의 전능하신 하나님의 이름에 머물러 있다"(말씀이 육신으로 p. 2226)

양향빈은 이렇게 새 이름 교리를 주장하면서 자신이 이 시대의 성육신한 하나님이라고 하며 '내가 말하노라'는 식의 어법을 쓰며 자신을 전능하신 하나님이라고 주장하고 있다. 양향빈의 주장을 그의 책을 통하여 들어보자

"말세의 모든 사람들은 내가 바로 돌아온 구세주이고, 온 인류를 정복하는 전능하신 하나님임을 알게 될 것이다. 또한 내가 사람의 속죄 제물이 된 적이 있지만, 말세에는 또 만물을 불사르는 뜨거운 해와 같은 불꽃이자 만물을 드러내는 공의로운 태양임도 알게 될 것이다. 이것이 내가 말세에 행하는 사역이다. 내가 이 이름을 택하고 이런 성품을 지닌 이유는 바로 모든 사람들에게 내가 공의로운 하나님이고 뜨거운 해이자 불꽃임을 알게 하고, 유일한 참 하나님인 나를 경배하게 하기 위함이다."(말씀이 육신으로 p. 1554)

이러한 주장을 보면 동방번개는 양태론이다. 구약의 여호와 하나님이 신약의 예수로 나타나고 말세인 이 시대에는 전능하신 하나님 양향빈으로 나타났다는 것이다. 이 전능하신 하나님 양향빈을 심지어 창조주 하나님이라고까지 주장한다.

"우리는 전능하신 하나님의 구원을 떠날 수 없다. 그는 우리의 창조주이

시자 우리의 유일한 구원이시기 때문이다."(말씀이 육신으로 p. 2593)

전능하신 하나님인 양향빈은 온 세상에 능력으로 보여주고 이적을 보여주어 전능함을 나타낸다고 한다.

"전능하신 하나님이 크나큰 이적을 나타내어 온 우주 땅 끝과 만국 만민이 직접 보게 할 것이다. 모두가 나의 위엄과 공의, 전능을 보게 될 것이다. 날이 머지않다!"(말씀이 육신으로 p. 52)

전능하신 하나님 양향빈은 능치 못 할 일이 없다고 한다. 이루지 못할 일이 없으신 하나님이라고 찬양을 한다.

"전능하신 하나님은 능치 못하심이 없고, 이루지 못할 일이 없는 완전한 참 하나님이시라! 그는 일곱별과 일곱 영, 일곱 눈을 갖고 있으며, 일곱인을 떼고 책을 펼친다. 나아가 그는 일곱 재앙과 일곱 대접을 주관하고, 일곱 우레를 떼며, 일찍이 일곱 나팔을 울렸도다! 그가 창조한 만물과 그가 온전케 한 모든 것은 마땅히 그를 향해 찬미하고, 그에게 영광을 돌리며, 그의 보좌를 높이 받들어야 할 것이다. 전능하신 하나님! 당신은 바로 모든 것이나이다."(말씀이 육신으로 p. 69).

이뿐만 아니라 이 전능하신 하나님 양향빈은 새로운 나라를 세우고 온 세상의 열국과 열 왕을 정복한다고 한다.

"전능하신 하나님이시여! 당신 보좌 앞의 일곱 영은 각 교회로 보내심을 받아 당신의 모든 비밀을 여셨나이다. 당신은 영광의 보좌에 앉아 당신의 나라를 굳게 세우시고, 정의와 공의로 그 나라를 보존하시며, 열국을 당신 앞에 항복하게 하셨나이다. 전능하신 하나님이시여! 당신께서 열 왕의 허리를 풀며 성문을 당신 앞에 열어서 닫히지 못하게 하셨나이다. 이는 당신의 빛이 이르렀고 당신의 영광이 우리 위에 임하였음이니이다."(말씀이 육신으로 p. 61)

전능하신 하나님 양향빈이 열왕을 이기고 하나님의 나라를 완성하는 일이 곧 이루어진다고 한다. 이들은 신도들에게 모든 재산을 전능하신 하나님 양향빈에게 바쳐야 한다는 교리를 가르친다.

"시간이 얼마 남지 않았으니 전능하신 하나님의 발걸음을 따라 계속 앞으로 나아가라. 조금도 소홀히 해선 안 된다. 그분의 부담을 생각하며 그분과 한 마음으로 그분의 경륜을 위해 헌신하되, 자신의 재산을 남겨두지 말라. 시간이 많지 않으니 남김없이 바쳐라! 아낌없이 바쳐라!"(말씀이 육신으로 p. 64)

이단들이 교주를 신격화 하는 이유 중 하나가 신도들의 재물을 착취하기 위해서다. 교주를 신격화하는 이단 신도들은 임박한 종말론을 통하여 교주에게 재산을 바치도록 하는 것이 공통점이다.

5. 동방 교리

성경 이사야 41장부터 45장까지에서 동방에서 사람을 일으켜 열국을 그에게 넘겨주시겠다는 예언이 있다.

> "누가 동방에서 사람을 일깨워서 공의로 그를 불러 자기 발 앞에 이르게 하였느냐 열국을 그의 앞에 넘겨주며 그가 왕들을 다스리게 하되 그들이 그의 칼에 티끌 같게, 그의 활에 초개같게 하매(사 41:2)"

이 구절 외에도 성경 여러 곳에 동방에 대한 언급이 있다. 이단 교주들은 이 예언을 자신에게 꿰어 맞춰 자신을 동방의 의인이라고 주장한다. 이러한 동방 교리는 한국의 통일교 교주 문선명, 하나님의 교회 교주 안상홍, JMS교주 정명석 등이 공통적으로 사용한다. 동방번개파 역시 이 동방 교리를 주장하여 교주 양향빈을 '동방번개'라고 한다. 동방번개파의 동방 교리를 알아본다.

1) 성경에 예언된 동방은 중국이다.
이들은 성경에 예언된 동방을 중국이라고 해석한다.

> "말세에 하나님께서 하시는 사역과 말씀이 바로 '번개'가 발하는 '빛'일 뿐만 아니라 동방에서 서방까지 전하는 것인데, 즉 전능하신 하나님께서 먼저 동방(중국)에서 한 무리 이기는 자들을 온전케 하실 것이고 연후에 이

무리 이기는 자들에 의하여 그분의 복음을 서방까지 확장하여 온 천하의
사람이 모두 하나님의 말세의 구원의 은혜를 받을 수 있도록 하시는 것입
니다."(국도복음 간증문답17번)

성경에 예언된 동방, 동방에서 일으킨 사람, 동방의 번개에 대한
예언이 중국인 양향빈에게 이루어졌다고 하여 동방인 중국에 전능
하신 하나님이 왔다고 한다.

"하나님이 말한 두 번째 부분의 영광을 동방에 옮긴다는 것은 사람이 육안
으로는 볼 수 없다. 하나님이 사역을 동방에 가져온다는 것은 바로 그가 이
미 동방에 왔다는 것이다. 이것이 바로 하나님의 영광이다. 지금 현재에 비
록 아직 이루어지지 않았지만, 그가 하려는 이상 꼭 이룰 것이다. 하나님은
중국에서 이 사역을 이루려 한다."(어린양이 펼친 책 p. 389)

이들의 주장은 초림 때는 예수님이 유대나라에서 사역을 하셨지
만 말세에는 하나님께서 유대에서 동방인 중국으로 사역을 가져오
신다는 것이다. 그래서 예언대로 중국에서만 사역을 전개하시고 다
른 곳에서는 하지 않는다는 것이다.

"예수가 사역을 한 범위는 온 유대에서였다. 그가 역사하는 기간에 유대
이외의 사람은 아는 사람이 거의 없었다. 그것은 그가 유대 이외에서 전혀
역사하지 않았기 때문이다. 오늘, 사역을 중국에 가져왔는데, 역시 이 범
위일 뿐이다. 이 계단에는 중국 이외에서 전혀 따로 사역을 전개하지 않는

다. 밖으로 확장하는 것은 이후의 사역이다."(어린양이 펼친 책 p. 481)

초림 때는 유대 나라가 사역지였던 것처럼 말세에는 동방인 중국이 사역지라는 말이다. 그래서 재림주인 양향빈이 중국으로 강림했다는 의미이다.

2) 교주 양향빈이 동방 중국으로 온 번개이다.

결국 성경 예언에 나오는 동방이 중국이라는 것이고 재림 주인 양향빈이 중국으로 왔다는 것이다. 그래서 양향빈을 동방 곧 중국으로 재림한 동방번개라고 주장하는 것이다. 동방번개라는 말은 성경 마 24:27에 "번개가 동편에서 나서 서편까지 번쩍임 같이 인자의 임함도 그러하리라"고 한 말씀을 인용해서 동방의 번개가 양향빈이라고 하는 것이다.

> "번개는 동방에서 나서 서방까지 번쩍이며, 나의 언어는 사람으로 하여금 헤어지기 아쉬워하게 하고 사람으로 하여금 난측하게도 하며 더욱이 사람으로 하여금 기쁘게 한다. …나의 영광의 발함으로 인하여 또한 나의 입의 말로 인하여 사람으로 하여금 모두 나의 앞에 오게 하고 번개가 동방에서 발한 것임을 다 보게 한다. 그뿐만 아니라 나는 또 동방의 감람산에 강림하여 벌써 땅에 왔는데, 더는 유대의 아들이 아니라 동방의 번개이다 왜냐하면 내가 일찍이 부활하여 사람들 가운데서 떠났다가 또 영광을 지니고 인간 세상에 나타났기 때문이다"(어린양이 펼친 책 p. 4-5)

재림 주는 동방인 중국으로 와서 서방인 미국까지 전파될 것을 예언한 것이라고 하는 것이다. 특히 예수 재림의 예언 동방번개가 바로 양향빈이라는 것이 이들의 주장이다.

"예수님이 두 번째로 강림하실 때에 꼭 번개같은 거대한 빛이 동반할 것이며 이 빛이 세계의 동방에서 줄곧 세계의 서방까지 밝게 비추어 온 하늘을 광채로 눈부시게 할 것이라고 여깁니다. 뿐만 아니라 또 이것을 말세에 주님이 오시는 근거로 하였습니다. 그러면, 예수님이 말씀하신 '번개가 동편에서 나서 서편까지 번쩍임 같이 인자의 임함도 그러하리라'는 이 예언이 정말로 사람이 상상한 것처럼 이렇게 응하겠습니까? '번개'는 정말로 사람의 육안으로 볼 수 있는 큰 빛입니까? 경에 '흑암에 행하던 백성이 큰 빛을 보고 사망의 그늘진 땅에 거주하던 자에게 빛이 비치도다.'(사 9:2)고 하였는데, 이것은 메시아가 오시는 상황을 예언한 것이고 주님이 바로 빛이심을 예언한 것입니다."(국도복음 간증문답 17번)

3) 두 번째 중국으로 온 재림 주는 여성으로 왔다.

성경에 예언된 재림 주 동방번개는 여성으로 와야 한다고 주장한다. 이러한 주장은 중국 여성 양향빈을 재림주로 만들기 위한 것이다. 하나님께서 만드신 사람이 남자와 여자로 만들어졌으니 첫 번째가 남성으로 왔다면 두 번째는 당연히 여성으로 와야 한다는 주장이다. 이들의 이러한 주장을 확인해보자.

"하나님의 각 단계 사역에는 실질적인 의의가 있다. 당시 예수가 왔을 때는 남성으로 왔었지만 이번에는 여성으로 왔다. 이를 통해 하나님이 자신의 사역을 위해 남자와 여자를 만들었으며, 하나님께는 성별의 구분이 없음을 알 수 있다. 그의 영은 얼마든지 자유롭게 육신을 취할 수 있고, 그 육신은 하나님을 대표한다. 남자든 여자든, 하나님이 입은 육신이라면 모두 하나님을 대표한다는 말이다."(말씀이 육신으로 p. 1310)

"하나님이 하는 매 단계 사역은 다 실제적 의의가 있다. 당초에 예수가 올 때는 남성이었고 이번에 올 때는 여성이다."(어린양이 펼친 책 p. 596)

다른 이단들처럼 동방을 양향빈이 태어난 중국으로, 재림 주를 여성이라고 해석하여 중국 여성 양향빈을 동방의 의인, 구원자로 만든 교리이다.

"

한국교회가 가장 예의 주시할 이단·사이비는
중국에서 넘어온 동방번개파이다. 그 이유는 첫째, 중국 정부가
2012년 중국 전당대회를 앞두고 '사교와의 전쟁'을 선포하며
신도 수 200만명에 달하는 동방번개를 단속하자 이를 피해
한국으로 몰려 들어왔다는 점,
둘째, 동방번개파가 상상을 초월한 현금 동원력을 바탕으로
한국사회에 들어와 영향력을 행사한다는 점,
셋째, 신천지·안상홍 증인회·정명석 등
이미 알려진 이단·사이비에 대한 경각심은 크지만
아직 동방번개파에 대한 경계심이 그리 크지 않아
이미 대한민국 시민들 중에도 속아서 빠지는
경우가 발생한다는 점 때문이다.

"

3 장

동방번개의 포섭 전략

동방번개의 포섭 방법은 고바울의 『조유산과 동방번개』(북소리, 2017)에서 상세하게 볼 수 있다. 동방번개에 가입했다가 탈퇴한 핵심 신도 '하철신'의 폭로가 이 책자에 담겨 있다. 하철신은 1989년부터 동방번개 조유산의 충성스러운 추종자였고 동방번개 최고 핵심 권력 기구인 감찰팀장을 지냈던 사람이다. 2000년도에 조유산이 미국으로 도주한 이후 하철신은 중국내 동방번개를 이끌며 신도 200만명 이상으로 급성장 시킨 것으로 평가받는다(고바울 156) 그러나 중국내 하철신의 위상이 높아지는 것에 위기감을 느낀 조유산이 그를 적그리스도로 내몰아 감찰팀장에서 일반 신도로 좌천시켰고 일반 신도가 된 하철신은 2009년 중국 허난성에서 체포된 뒤 동방번개에 속았음을 깨닫고 동방번개의 실체를 폭로하는 데 앞장서게 됐다. 내부 폭로자의 주장보다 더 중요한 정보는 없다는 판단하에 책의 저작권자의 동의를 얻어 이곳에 정리했다. 다만 고바울이 중국동포로서 한국 표준어에 맞지 않는 문장이나 어색한 표현을 한 경우에 한해 수정했다.

1. 동방번개의 다섯 가지 포섭 전략

동방번개파의 핵심 간부 하철신은 체포된 후, 2009년 4월에 '전능하신 하나님교'가 중국 경내에서 사람을 속여 입교시키는 방법, 권력기구의 설정과 자금 유동 등 상황을 털어놓았다. 사람을 속여 입교시키는 방법에 대해서 하철신은 그들이 자주 사용하는 아래 5가지 수단을 소개했다.

첫째, '관심과 사랑'으로 감화한다. 의식적으로 선교 대상에게 도움을 제공함으로써 호감을 사고 포섭을 진행하였다. 예를 들면 애인을 소개해주고, 농사일을 도와주고, 청소·설거지를 해주며, 아픈 사람에게 의사를 소개하거나 약을 사다주고 심지어 일부 전통 명절에는 쌀, 밀가루, 식용유 등 생활용품을 보낸다.

둘째, 끈질기게 달라붙어 귀찮게 굴고, 속임수와 협박의 방법을 다 쓴다. 반복적으로 포섭대상의 집으로 가서 전파하여 전도 대상으로 하여금 '전능하신 하나님교'교리를 받아들이게 한다.

셋째, 이성끼리 교제한다. 예를 들면 남성이 여성에 대해 거절을 하기 어려워하는 특성을 이용하여 여 신도들이 남성을 포섭한다.

넷째, 인간 관계를 이용한다. 예를 들면 신도는 친척, 친구, 지인들을 포섭대상으로 한다.

다섯째, 책과 CD를 준다. 선교 대상에서 무료로 책을 준다. 예를 들면 『어린양이 펼친 책』과 『하나님의 비밀스러운 역사』등 책을 무료로 준다. 음악을 즐기는 상대에게는 '동방번개'측 음악 CD를 주어 포섭 대상이 '동방번개'에 자연스레 익숙해지도록 한 다음 포섭을 진행한다.

상술한 수법 외에 일부 부정한 수법을 쓸 때도 매우 많다. 불법구금하고 강제적으로 포섭을 하거나 이성을 이용하기도 하고 미신 수법을 사용하기도 한다. 특히 미신 포섭법을 예로 들면, 귀신이 붙었다고 하고, 악령이 몸에 달라붙었다 하고, 형광 물질의 분말로 벽이나 혹은 달걀에다 '전능하신 하나님은 좋다'라는 글을 써놓거나 또는 '전능하신 하나님은 좋다'는 글을 종이에 써서 비닐로 싼 다음 물고기 배속에 밀어넣고 그 고기를 다시 시장에서 사오는 척을 해서 사람들을 기만하였다. 그리고 『실정을 알아보고 길을 내는 세칙』이란 동방번개측 책을 보면 일반인에 대한 술책만이 아니라 다른 교파의 신도들을 어떻게 포섭할 것인지 구체적인 기만 수법도 써놓았다. 이 점에 대해 '실제 하나님 전파 및 조직 통제 수법 비밀을 폭로'(2012년 12월 중국 〈남방일보〉)라는 글에서 잘 다뤘다. 이곳에서 폭로한 내용을 보면 이른바 '실정을 알아본다'는 것은 여러 가지 관계를 이용하고 기타 교파 내부에 들어가서 사람들과 친하게 지내면서 그들의 신뢰와 호감을 얻고 그들 내부의 실정을 파악하여 그 후 다른 사람에게 소개하거나 간증 사역을 위해서 기초를 다지는 것이다.

좋은 관계를 맺은 후에는 일부 관념을 바꾸는 교리를 얘기하고 그들 속의 흐트러지기 쉬운 관념, 생각, 인식을 일일이 돌려놓고 그들속에 부족한 부분을 보충하여 그들로 하여금 자신을 낮추게 하는 과정이다. 동시에 이 글에서 포섭의 목적을 달성하기 위해 남의 눈치를 살피고, 허장성세하고, 임기응변하고, 5가지 포섭 순서를 하나 하나 해 나가고, 끈질기게 달라붙어 귀찮게 굴고, 거짓말을 조작하고, 미인계를 쓰는 것 등이다. 뿐만 아니라 "거짓말을 하는 것은 지혜이다"고 공개적으로 선전하였다.이로부터 미루어 보면, 동방번개측의 『실정을 알아보고 길을 내는 세칙』과 『근무 안배』란 두 권의 책은 동방번개 신도들에게 기만 술책을 가르치고 지도하는 교재이다. 그리고 일반 민중과 다르게 교회당 또는 교회 모임 장소의 기독교 각 교파 신도들을 상대로 선교하여 그들을 '동방번개'에 끌어들이기 위해 선전 기구를 조직하고 특별히 자기들 교리를 전하는 부서를 설치했다. 각 부서의 역할은 다음과 같다.

1 부서: 성경에 대해 익숙하고 설교 수준이 좀 높은 사람들로 구성하고 구 급직의 사람이 지휘하는데 그들의 주요 임무는 기타 각 교파의 중층 책임자와 설교자들에게 포교하는 것이다.

2부서: 소구역에서 책임지고 지휘하는데 그들의 주요 임무는 기타 각 교파의 중·하층 책임자와 설교자들에게 포교하는 것이다.

3부서: 교회에서 책임지고 지휘하는데 기타 각 교파의 평신도들에게 포교한다.

1부서와 2부서는 '실정을 알아보고 길을 내는' 인원들을 설정하여 기타 기독교 각 교파의 중급 이상 책임자들과 설교자들의 기본 상황과 특성을 미리 파악하게 하여 1부서와 2부서의 포교대원들이 수집된 정보에 맞추어 포교하게 하는 것이다.

『근무 안배』등 책의 기재에 따르면 '동방번개'의 포교 책략은 주요하게 농촌에서 도시를 포위하는 것이다. 즉 어떻게 농촌의 교회에 침투하고 기존 신도들을 자신의 '동방번개'로 유인할 지에 대해 여러가지 세밀한 수법을 제정하였다. 그들은 농촌 교회의 신도들은 비교적 순진하여 비록 일부 기독교 지식에 대해 좀 이해하고 있지만 체계적이지 못하고 깊이 알지 못하며 또 성경을 자주 보지 않기 때문에 가장 쉽게 끌어들일 수 있어 아무런 기초가 없는 사람들보다 끌어들이기 더 쉽다고 생각했다. 그들은 일반적으로 '실정을 알아보는 사람'과 '길을 내는 사람'에게 "고생을 좀 하더라도 끈질기게 달라붙어 귀찮게 굴며 개미와 같은 근면한 정신을 발양하라"고 요구했다. 그리하여 일부 사교분자들은 때때로 순수한 교회 속에 들어가서 1~2년의 긴 시간동안 진상을 드러내지 않고 잠복한다. 그 목적은 바로 이 교회의 모든 상황을 파악하기 위해서이다.

'전능하신 하나님교'는 성공적인 선교 목적을 위해 심혈을 기울였다. 그들은 상상외로 일반 민중과 기존 기독교 신도들을 상세하게 구분하고 분류하여 자세히 연구하고 부동한 상대의 연령, 성별, 취미, 문화정도 등 특성에 따라 최종적으로 방안을 확정하고 집중적이고 체계적으로 사기를 쳤다.

이외에도 동방번개 신도들은 포섭의 목적을 달성하기 위해 온갖 사기술을 다 사용하였다. 그 중에서 어떤 것은 강제적 수단을 사용하는 것인데 심지어 깡패들이나 건달들의 방식을 사용하여 입교를 거부하거나 자기들의 포섭을 방해하는 사람들에 대해 보복을 하였다. 1998년 10월부터 11월까지 허난성의 난양시(南阳市) 탕허현(唐河县), 서치현(社旗县)등 곳에서 여러차례 '전능하신 하나님교'의 포교와 관계되는 극단적인 사건들이 일어났다. 예를 들면 잔인하게 다리를 부러뜨리고, 얼굴을 찌르고, 귀를 자르는 등의 사건들이다. 그 중에 유노한(刘老汉)이란 노인은 맞아서 다리가 부러졌다. 유노한은 한 가정 교회 모임 장소의 책임자이다.

유노한의 다리 부러진 사건에 대해 기자는 여러 곳을 거쳐 마침내 집인 난양시 탕허현 민영촌(闽营村)에 있는 유노한과 연락을 취하게 되었고 그와 인터뷰를 하게 되었다. 유노한은 민영촌의 촌민이고 기독교를 믿으며 집에는 세명의 자녀가 있는데 이미 다 따로 가정을 꾸리고 생활하고 있었다. 유노한과 그의 아내는 기독교를 믿고 집에다 가정교회 모임 장소를 만들고 매주 수요일, 금요일과 주일에 모임을 가졌다. 우리들은 그 가정 교회 모임 장소에서 그와 만나 인터뷰를 시작하였다.

기자: '전능하신 하나님교'의 선교자들이 어떻게 당신들과 연락하게 되었나요?
유노한: 그들은 소식이 아주 빨라요. 모두 사전에 내막을 탐지해요.
기자: 그들이 전하는 하나님은 '전능하신 하나님'이고, 또 '여 그리스도'인데 당신들은 어떻게 생각하세요?

유노한: 우리는 안 믿어요. 그건 가짜예요. 예수님은 그리스도 시고 살아계신 하나님의 아들이시며 부활하신 후에 하늘에 올라가셔서 장래에 재림하시는데 어떻게 여자로 변하고 또 어떻게 지금 인간 세상에 있어요? 그건 모두 사기예요.

기자: 그들은 왜 당신의 다리를 부러뜨렸나요?

유노한: 그들은 저를 자기네 교파로 끌어들이고 저더러 가정 교회 모임 장소에서 "예수님이 말씀이 육신이 되어 이 세상에 오셨는데 그가 바로 '여 그리스도'이고 그가 지금 허난에 계시며 그가 '대제사장'을 지정해서 파견하는데 이후부터 우리 모두가 다 이 '여 하나님'을 믿어야 된다"고 했어요. 그러나 저는 믿지 않았어요. 저는 그런 허튼 소리를 믿을 수가 없어요. 그런데 어느날 제가 밖에서 들어오는데 길옆에서 두 사람이 갑자기 나타나 몽둥이로 저희 다리를 부러뜨리고 달아났어요. 나중에 들었는데 그자들은 이미 붙잡혔고 형벌을 받았대요.(유노한은 말을 마쳤는데 얼굴에 격분한 표정이 떠올랐다. 그는 바짓가랑이를 걷어 올려서 맞은 흔적을 보여줬다. 그는 이어서) 우리는 하나님을 믿고 예수 그리스도를 믿는 사람이기에 응당 좋은 사람이 되고 성실하고 착한 사람이 되어야 해요. 가령 그들이 선전하는 하나님이 진짜라고 하더라도 믿고 안 믿는 것은 자원적이지 그렇게 난폭한 방법을 사용하면 안 되지요. 너무 사악해요!"

2. 내부 정탐 및 추수꾼 활동

한국교회가 이단으로 규정한 신천지측은 이미 교회안으로 들어와 성도를 빼내는 '추수꾼' 포섭법을 쓰며 '종교 사기'와 관련한 재판을 받고 있다. 그런데 동방번개측도 '추수꾼' 포섭방법을 쓴다는 지적이 나오고 있다. 동방번개측 용어로는 일명 '내부정탐꾼'으로 불린다. 내부 정탐이란, 각종 관계와 다양한 방법을 동원하여 여러 교파와 교회의 내부에 침입하여 사람들과 친밀한 관계를 형성하는 것으로 시작한다. 내부에 침입하여 그들의 호감과 신임을 얻어 그들의 내부 실정을 파악하고 다른 사람들을 소개받아서 만나고 포섭을 위한 사전 공작을 한다(김종구, 『중국교회 이단 동방번개』(경기:도서출판 목양, 2011), 81)는 점에서 사기포섭활동을 하는 신천지와 매우 유사하다. 실제 한국교회안에서 다음과 같은 사례가 있었던 것으로 파악된다.

서울 구로구에 위치한 A교회에 2018년, 초 조선족 억양을 사용하는 사람이 새신자(동방번개 신도)로 등록했다. 지역 특성상 조선족들이 적지 않아 B목사는 이상하게 생각하지 않았다. 동방번개 신도는 교회에 등록한 후 예배에 열심히 참석했다. 주먹만한 크기의 왕만두를 교회로 갖고 와서 교인들과 함께 나눠 먹곤 했다. 그러던 어느날 다른 교인이 B목사에게 슬며시 다가왔다. "목사님, 조선족 새신자가 책을 보라며 줬는데 뭔 내용인지 잘 모르겠어요. 살펴 봐 주세요." B목사는 교인이 준 책을 보며 아연실색했다. 전능신교, 소위 동방번개파의 포교책자였다. B목사는 동방번개 신도를 불러 "왜 교회에 와서 동방번개 교리 책자를 나눠주는가?"라며 호통을 쳤다. 이 신도는 B목사에게 자신의 정체가 탄로난 뒤로 교회를 떠나버렸다. 교회 출석을 중단한 며칠 후 또다른 교인이 B목사를 찾아왔다. 그녀는 옷가게를 하는 사람(옷가게신도)이었다. 옷가게 신도는 그 동안 있었던 일들을 설명했다. 자신의 옷가게에 동방번개측 조선족 신도가 찾아와 자주 비싼 옷을 사고, 매상을 올려 줘서 친숙해진 상태였다고 한다. 그러던 어느날 동방번개 신도가 자신의 단체에 가서 말씀한번 들어보자는 요구를 거절하지 못해 몇 번 들었지만 계속 가진 않았다는 것이다. B목사가 "교회 밖에서 성경공부 하는 걸 주의하라고 했는데 왜 갔는가?"라고 묻자 옷가게 신도는 "동방번개 신도가 우리 집에 와서 자주 옷을 사주는 바람에 그가 하는 제의를 거절할 수 없었어요."라고 말했다. B목사는 필자와 대화하며 "신천지보다 동방번개의 접근법은 정제돼 있지 않고 아직 투박한 상태라는 생각이 들었다"며 "그러나 교회안으로 들어와 타깃을 정하고 상대가 거절할 수 없는 정도로 친분을 쌓고 포교행위를 하기 때문에 앞으로 그들의 활동을 한국교회가 주의해서 봐야 한다"고 경계했다.

경기도 안산의 한 교회에선 실제로 동방번개파에 한 가정이 빠진 경우도 발생했다. 역시 안산의 한 교회에 작년 10월경 조선족 신도(동방번개 신도)가 등록했다. 등록한 이 신도는 식당을 하는 한 교인(식당신도)과 친해지는 전략을 썼다. 교인이 운영하는 식당에서 자주 밥을 먹었고 아는 사람들과도 함께 찾아가 회식도 했다. 매상을 올려주는 동시에 한가할 때는 식당신도의 어깨를 마사지를 해주며 피로를 풀어줬다고 한다. 친분이 쌓인 후 동방번개 신도는 식당신도를, 마사지를 제대로 배운 중국선교사가 거주한다는 다세대 주택으로 안내한다. 이곳에서 지속적으로 뭉친 근육, 육체피로를 풀어줬고 그럴 때마다 주택 안에서는 동방번개파에서 제작한 드라마와 영상을 함께 상영했다. 자연스레 식당 신도는 드라마를 보면서 동방번개파 사상에 세뇌 되기 시작했다고 한다. 지금 식당 신도는 자신이 다니던 교회는 성령의 역사가 떠난 곳이라며 동방번개파로 자녀들과 함께 옮긴 상태다. 한국교회는 이러한 동방번개에 대해 공식적으로 이단 등으로 규정하며 대응책을 마련 중이다.

3. 온라인을 통한 홍보·포섭 활동

동방번개는 인터넷을 활용한 홍보·포섭 활동도 활발히 진행한다. 여기에 언론, 유튜브 영상, 드라마, 음악 등 다양한 도구들이 동원된다.

1) 동방번개 홍보성 기사를 쓰는 매체들

A. 'KNS 뉴스통신'(http://www.kns.tv)
2017년 3월 29일부터 2018년 4월 5일까지 동방번개측에 우호적 기사를 내보낸 언론사이다. 이 기간 동방번개의 문제점을 다루는 기사는 나오지 않았다. 동방번개에서 제작한 영상물이 미국 크리스천 영화제에서 작품성을 인정받아 미국 크리스천영화제에서 11개 부문 수상을 했다는 기사(2017년 8월 31일자)를 썼다. 동방번개가 '영적 가뭄탈출'을 위한 부흥성회를 연다는 기사도 올렸다(2017년 5월 18일). 이 기사에서는 일반 교회는 부정 부패로 황폐해지고 있다고 비하했다.

B. BITTER WINTER(https://ko.bitterwinter.org)

이탈리아 종교학자라는 '마시모 인트로빈'(MASSIMO INTRO-VIGNE)이 편집장으로 있는 매체다. 비터윈터는 동방번개를 적극적으로 대변하고 있는데 2012년 시한부 종말을 주장한 바 없다고도 하고 2014년 맥도날드 살인사건이 조작됐다는 기사를 올리기도 했다. 지금도 꾸준히 동방번개에 우호적인 기사를 올리고 있

동방번개측 유튜브 채널에서 인터뷰를 하는 마시모 인트로빈.

는데, 이들의 특징은 동방번개를 '기독교'로 표현한다는 점이다. 2019년 2월 10일 '형을 선고 받은 기독교인, 감시용 전자팔찌 착용'이라는 기사가 올라갔다. 내용은 중국에서 사교로 규정, 단속 대상인 동방번개 신도가 전자발찌를 착용하게 됐다는 것이다. 그러나 기사 중에는 그녀가 기독교 신앙을 무모하게 고수한 대가라며 '기독교'와 '동방번개'를 구분해서 쓰지 않고 있다. 마시모 인트로빈이 진정한 종교학자인지 의심스러워지는 대목이다. 그는 국내에 입국해 가족을 돌려달라는 동방번개 피해자들의 시위를 '돈으로 고용된 이들', '전문 시위꾼들이 섞여 있다'고 폄하해 논란을 일으켰다(마시모 인트로빈. 2019년 7월 24일 비터윈터 기사https://ko.bitterwinter.org/freedom-defeats-ms-os-bigotry).

C. 유튜브 '전능하신 하나님교회'

유튜브는 전국민의 90% 이상이 시청하는 국민 앱이다. 유튜브에서 '기독교영화'로 검색하면 최상위에 뜨는 영화 11개 중 6개가 동방번개측에서 만든 것이다. 사이비 종교인지 전혀 모르고 접촉할 가능성 또한 매우 높아지고 있다. 이 채널은 2013년 3월 10일 오픈했으며 830여만명이 시청했다. 이들이 제작한 영화 중에는 '낙인'(71만회 시청), '소망'(38만회 시청), '문을 두드리다'(22만회 시청)가 인기를 끌었다.

유튜브의 특징은 필요로 하는 영상을 소비자들에게 제안한다는 점이다. 즉 내가 기독교영화 벤허를 시청했을 경우 유튜브에 다

시 접속하면 '기독교 영화' 장르를 노출시킨다는 것이다. 즉, 검색
알고리즘이 네티즌의 소비유형을 파악해 기독교영화를 시청한 사
람들에게 이단·사이비 여부를 가리지 않고 동방번개측 영화를 노
출 시킬 수도 있다는 의미이다. '기독교 영화'라는 키워드를 선점
한 동방번개측의 홍보 전략이 기독교인들에게 상당수 노출됐을 가
능성이 높다는 점에서 주의가 필요하다. 이외의 인터넷 사이트 및
앱으로는 하나님나라 강림 복음 사이트(https://kr.kingdomsal-
vation.org), 전능하신 하나님교회 APP, CAG Hymns APP 등이
있다.

"

한국교회는 진용식 목사에게 큰 빚이 있다.
이단 상담과 관련, 거의 모든 매뉴얼은 진 목사가 기초를 닦았다.
안식교, 안상홍 증인회, 여호와의 증인, JMS, 신천지,
그리고 이제 동방번개파에 이르기까지
진 목사는 성실하고 꾸준하게 이단 상담 매뉴얼을 만들어
한국교회에 발표해 왔다. 이는 그의 성실함에서뿐만 아니라
이단·사이비에 빠진 사람들에 대한 긍휼함에서 비롯된 일이다.
이 책은 동방번개의 정체를 자세히 밝히고
그 사이비성을 드러낼 뿐 아니라 그들의 참람한 교리를 깰 수 있는
명료한 반증으로 구성되어 있다.

"

4 장

동방번개 상담을 위한 반증

최근 중국 발 이단 '동방번개파'의 세력이 국내에서 폭발적 확산세를 보이고 있다. 이에 우리 사회와 교계는 신천지, JMS 등 이단돌에 이어 우리의 건강한 삶의 뿌리를 흔들고 있는 또 다른 사이비 종교집단 동방번개파에 대한 대처를 철저히 해야 할 과제를 갖게 됐다. 필자는 이단 상담가로서 동방번개파의 정체를 백일하에 드러내고 이들에게 미혹된 영혼들을 회심시켜 돌이키기 위해 동방번개의 정체를 자세히 밝히고 그 사이비성을 드러낼 뿐 아니라 그들의 참람한 교리를 깰 수 있는 명료한 반증 내용을 만들었다. 지금까지 신천지, JMS, 안상홍 증인회, 귀신파, 구원파와 관련한 변증서나 상담서는 나왔지만 한국교회가 주목하고 주의할 이단·사이비인 동방번개파에 대한 상담 자료는 세계 최초로 나온 것으로서 그들의 핵심 교리를 그대로 전제한 후 그에 대한 성경적 반증으로 구성했다.

1. 성경관

1) 동방번개파의 주장

A. 성경은 시대가 지난 책이다.

"우리는 성경이 틀렸다고 말하는 것이 아니라 네가 이전의 것을 가지고 오늘의 것에 끼워 맞추면 반드시 틀릴 것이고 틀림없이 맞출 수 없다고 말하는 것이다. 마치 은혜시대와 같은데, 사람들이 여호와를 예수에게 맞추니 맞출 수 있었느냐? 맞출 수 없었다. 그럼 이전의 예수를 오늘날의 하나님께 맞춘다면? 맞출 수 있겠느냐? 맞출 수 없다."(동방번개 출판사, 하나님의 초기교통. p. 20)

B. 성경을 주장하면 바리새인이다.

"그들은 경문을 너무나도 중요하게 보는데, 그들이 글귀를 너무 중요하게 본다고 할 수 있다. 심지어 그들은 성경의 장절로써 나의 매 마디 말을 가늠하고 성경의 장절로써 나를 정죄하기까지 한다. 그들이 찾고 구하는 것은 나와 합하는 도가 아니고 진리와 합하는 도가 아니라, 성경의 글귀와

서로 부합될 수 있는 도를 찾고 구하는 것이다. 그들은 무릇 성경과 맞지 않는 것은 모두 나의 역사가 아니라고 여기는데, 이 사람들은 모두 바리새인의 효자 효손들이 아닌가? 유대의 그 바리새인들은 모세의 율법으로써 예수를 정죄하였다."(어린양이 펼친 책, p. 30)

C. 성경을 맹신하는 것은 하나님께서 증오하신다.

"성경은 사람과 수천 년을 함께했고, 사람은 성경을 하나님처럼 대했으며, 심지어 말세에 이르러서는 성경으로 하나님의 자리를 대신했기 때문이다. 이는 하나님이 몹시 증오하는 일이다."(말씀이 육신으로 p. 727)

D. 성경에서 벗어나야 구원받을 수 있다.

"오늘 너는 성경을 볼 필요가 없다. 왜냐하면 성경에는 무슨 새로운 것이 없고 모두 낡아빠진 것이기 때문이다. 성경은 역사 서적에 속한다. 네가 만약 성경 구약을 은혜시대에 가져다 먹고 마시며 구약시대에 요구한 것을 가지고 은혜시대에서 실행한다면, 예수가 너를 저버릴 것이고 너를 정죄할 것이다."(어린양이 펼친 책, p. 519)

2) 반증

A. 동방번개파의 교리는 성경에 근거하고 있다.

동방번개파는 성경이 지나간 책이라고 하여 인정할 수 없다고 하면서 이들의 모든 교리들은 성경을 근거로 주장하고 있다. '동방번개' 라는 교리도 성경에 예언된 동방의 번개 "번개가 동편에서 나서 서편까지 번쩍임 같이 인자의 임함도 그러하리라"(마24:27)가 교주 양향빈에게 성취되었다는 주장이다. 만일 성경이 믿을 수 없는 책이라면 동방번개의 모든 교리도 믿을 수 없는 것들이다,

B. 동방번개파도 성경대로 행한다고 한다.

"우리의 모든 행위는 다 성경 말씀대로 하는데, 이는 무릇 성경과 어긋나는 것이라면 이단이고 사교이기 때문이다."(어린양이 펼친 책 p. 17)

이렇듯 동방번개파의 모든 행위를 성경대로 한다고 주장한다, 만일 성경에 어긋나는 것이 있다면 이단이고 사교라는 것을 스스로 인정하고 있다. 동방번개의 교리가 성경에 어긋나는 것이 분명함으로 동방번개파는 이단이며 사교가 분명하다. 언제나 어떤 단체가 이단인지의 여부를 알기 위해서는 성경대로 하는지를 살펴보아야 하는 것이다.

C. 성경대로 해야 구원받는다고 한다.

"우리의 주님은 성경에 있고 성경을 떠나지 않으며 주님을 떠나지 않는 것인데, 이 원칙을 잘 지킨다면 우리는 구원받는다."(어린양이 펼친 책 p. 17)

주님이 성경에 있다고 주장한다. 그들 스스로 성경대로 해야 구원을 받는다는 것을 인정하고 있다. 성경을 떠나면 구원받지 못한다는 것이다. 그러나 동방번개파는 성경을 떠난 교리를 주장하고

있다. 성경에 여 그리스도, 여 재림 주는 없다. 중국 여성 양향빈을 그리스도이며 재림 주라고 하는 것은 성경을 떠난 교리이다. 성경을 떠난 교리를 주장하는 동방번개파는 그들의 논리대로 구원이 없는 집단이다.

D. 성경은 오류가 없는 책이다.

성경을 지나간 책이라고 하지만 성경에 오류가 없다는 것은 동방번개파도 인정하고 있다. 그래서 성경을 인용해서 말하고 있다. 성경에 오류가 없는데 성경과 맞지 않는 주장을 한다면 그 자체가 곧 오류라는 의미이다. 결국 동방번개의 교리도 성경으로 확인해 봐야 하며 성경과 틀리는 부분이 있다면 잘못됐음을 인정해야 한다.

E. 동방번개의 교리도 성경으로 맞추어 보아야 한다.

성경은 하나님의 말씀이며 오류가 없는 책이기 때문에 동방번개의 교리도 성경에 맞추어 보아야 한다. 성경에 맞지 않는 부분이 있으면 이단이 된다. "마땅히 율법과 증거의 말씀을 따를지니 그들이 말하는 바가 이 말씀에 맞지 아니하면 그들이 정녕 아침 빛을 보지 못하고"(이사야 8:20).

동방번개의 주장은, 성경은 시대가 지난 책이기 때문에 이 시대에는 성경이 맞지 않으므로 성경을 인정할 수 없고 성경에서 벗어나야 한다는 것이다. 동방번개의 이러한 주장은 자신들의 교리가 성경과 맞지 않고 성경으로 증명할 수 없기 때문에 성경을 버리고 교주가 말하는 것을 믿게 하기 위한 것이다.

2. 여 재림 주 교리

1) 동방번개파의 주장

A. 말씀이 육신이 된 것(성육신)은 두 차례이다.

"하나님이 말씀이 육신이 된 것은 두 차례인데, 말할 것 없이 말세에는 최후에 한차례이다."(국도복음설교 특집 p. 25)

"하나님은 두 차례 말씀이 육신이 되어 서로 다른 성별을 취해서야 말씀이 육신이 된 의의를 완성하셨고 도성 육신의 전체 사역을 완성하셨습니다."(국도복음설교 특집 p. 27)

B. 하나님께서 사람을 만드실 때 남자와 여자로 만드셨기 때문이다.

"여호와가 시초에 인류를 만들 때 남성과 여성 두 유별의 사람을 만들었다. 그러므로 그가 말씀으로 된 육신도 곧 남성과 여성에 따라 구분하였다."(국도복음설교 특집 p. 16)

C. 하나님이 남자도 구원하고 여자도 구원하심을 나타내기 위해서

"하나님은 남자의 하나님이실 뿐만 아니라 여자의 하나님이시기도 하고 하나님은 남자를 구원하실 뿐만 아니라 여자도 구원하신다는 것을 인식하게 하였습니다. 여기에서 우리는 하나님 말세 도성 육신이 여자인 것은 아주 의의 있음을 볼 수 있습니다" (국도복음설교 특집 p. 26)

D. 하나님은 성별 구분이 없기 때문이다.

"하나님께는 성별의 구분이 없다. 그는 그가 하고 싶은 대로 하며, 그가 사역하는 데는 어떠한 통제도 받지 않고 아주 자유롭다" (국도복음설교 특집 p. 25)

2) 반증

A. 성별의 표현은 하나님께서 육신을 입으셨을 때의 모습이다.

"아들을 낳으리니 이름을 예수라 하라"(마 1:21)

"이는 한 아기가 우리에게 났고 한 아들을 우리에게 주신바 되었는데…"(사 9:6)

예수님의 초림에 대한 예언은 아들, 남성으로 오실 것이 예언되었으며, 이는 하나님의 성별을 말하는 것이 아니고 육신을 입고 오셨을 때의 몸을 말하고 있는 것이다.

B. 재림 때의 재림 주의 모습도 남성으로 예언 되었다.

① '인자'

"그 때에 인자가 구름을 타고 큰 권능과 영광으로 오는 것을 보리라"(막

13:26)

"그 때에 사람들이 인자가 구름을 타고 능력과 큰 영광으로 오는 것을 보리라"(눅 21:27)

"번개가 하늘 아래 이쪽에서 번쩍이어 하늘 아래 저쪽까지 비침같이 인자도 자기 날에 그러하리라"(눅 17:24)

재림 주로 오시는 분은 인자로 표현 되었다. '인자'는 '사람의 아들'이라는 뜻으로 여성의 모습이 아닌 남성의 모습으로 오실 것을 예언하고 있는 것이다. 양향빈이 재림 주라면 '인자'는 맞지 않다, '인녀'가 구름을 타고 올 것으로 예언 되어야 한다. 여 재림주는 성경의 예언에 맞지 않다.

② '아들'

"또 죽은 자들 가운데서 다시 살리신 그의 아들이 하늘로부터 강림하실 것을 너희가 어떻게 기다리는지를 말하니 이는 장래의 노하심에서 우리를 건지시는 예수시니라"(살전 1:10)

성경은 재림하시는 재림 주를 '아들'이라고 표현했다. 재림 주가 오실 때는 여성 '딸'로 오시는 것이 아니라 남성 '아들'로 오시는 것이다. 양향빈은 딸이기 때문에 재림 주가 될 수 없다.

③ '그 남자'

"볼지어다 그가 구름을 타고 오시리라 각 사람의 눈이 그를 보겠고 그를

찌른 자들도 볼 것이요 땅에 있는 모든 족속이 그로 말미암아 애곡하리니 그러하리라 아멘"(계 1:7)

이 본문에서 '그가'(아우토스)는 남성 3인칭 단수로서 '그 남자'라는 단어이다. 재림 주가 오실 때 '그 여자'로 예언되지 않고 '그 남자'로 되어 있다. 즉 재림할 때 그리스도는 남성으로 오신다는 것을 의미하는 것이다.

④ '그리스도'
"우리 주 예수 그리스도의 능력과 강림하심…"(벧후 1:16)

재림하시는 주님도 '그리스도'로 오신다. 그리스도[크리스토스]는 남성 명사이다. 여 그리스도는 있을 수가 없다. 그리스도라는 단어 자체가 남성명사이기 때문에 '여 그리스도' , '여 재림 주'는 있을 수가 없다. 여성인 양향빈은 그리스도나 재림 주가 될 수 없다.

C. 재림할 때 여성의 몸으로 재림한다는 예언이 없다.

성경 어디에도 재림 때 육체로 온다는 말씀 자체가 없을 뿐만 아니라 여성으로 온다는 말씀도 없다. 성경의 모든 예언은 2천년전 초림하신 그분이 그대로 '다시' 오실 것이라고 되어있다. 재림주가 여성으로 온다는 것은 성경에 없는 동방번개에서 꾸며낸 교리이며 성경으로 증명할 수 없는 엉터리 교리이다.

D. 여자를 구원하시기 위해서 여자가 되어야 하는 것이 아니다.

예수님은 인류를 구원하시기 위해서 육신을 입으시고 속죄의 제물이 되셨다. 남자를 구원하기 위해 남자의 몸을 입으신 것이 아니기 때문에 여자를 구원하기 위해서 여자의 몸을 입으셨다는 것은 맞지 않는 주장이다. 그렇다면 노인을 구원하기 위해서는 노인의 몸을 입어야 하는가?

E. 하나님이 두 번 성육신 하시지 않는다.

하나님이 두 번 성육신하신다는 성경의 근거가 없다. 동방번개는 양향빈을 재림주로 하기 위하여 하나님이 두 번 성육신하신다고 주장하나 성경에 예언도 근거도 없는 주장이다. 예수님은 속죄제물이 되시기 위하여 한번 성육신 하셨고 단번에 속죄를 완성하셨다 "이 뜻을 따라 예수 그리스도의 몸을 단번에 드리심으로 말미암아 우리가 거룩함을 얻었노라"(히10:10). 하나님께서 두 번 성육신할 필요도 없고 하시지도 않았다.

3. 성육신 교리

1) 동방번개파의 주장

A. 말세에 하나님이 두 번째 성육신 하였다.

"말세에 하나님은 다시 성육신하였는데, 이번 성육신 하나님은 은혜시대를 끝내고 하나님 나라시대(역주: 왕국시대)를 열었다. 두 번째 성육신 하나님을 받아들일 수 있는 사람이라면 모두 하나님 나라 시대로 들어갈 수 있고, 또한 직접 하나님의 인도를 받을 수 있다."(말씀이 육신으로 p. 6)

B. 두 번째 성육신이 재림이다.

"도성육신인 그리스도-전능하신 하나님이 바로 우리가 간절히 바라던 재림하신 예수님이며, 그분만이 사람에게 영생의 도를 베풀어 주실 수 있습니다."(국도복음 간증문답 질문3)

C. 두 번째 성육신으로 완전한 영광을 얻었다.

"내가 세상을 완전히 이겼고, 첫 번째와 두 번째 성육신을 통해 완전히 영광을 얻었기 때문이다. 첫 번째 성육신으로는 일부 영광만을 얻었지만, 두 번째 성 육신으로 나의 본체가 완전한 영광을 얻으면 사탄은 틈탈 기회조차 없게 된다."(말씀이 육신으로 p. 306)

D. 두 번째 성육신은 중국으로 왔다.

"큰 붉은 용 국가에서 태어난 백성은 확실히 큰 붉은 용의 독소가 조금이나 일부분만 있다고 할 수 없다. 그러므로 나는 이 단계 사역의 중점을 너희에게 두었다. 이는 내가 성육신으로 중국에 온 또 다른 의의이기도 하다."(말씀이 육신으로 p. 368)

"하나님은 중화 대륙, 즉 홍콩이나 대만 동포가 말하는 내륙에 성육신하였다. 하나님이 하늘에서 땅에 왔을 때, 하늘에서도 땅에서도 아무도 알지

못했다."(말씀이 육신으로 p. 1137)

"하나님 도성육신이 중국에 은밀히 강림하셔서 한 단계 정복 구원의 사역을 하셨습니다"(어린양이 펼친 책, p. 1)

"하나님은 성육신하여 따로 중국에서 다시 선민들을 택해 이들에게 사역하며 땅에서의 자신의 사역을 계속하고 있다."(말씀이 육신으로 p. 1227)

"하나님이 땅에서 하는 사역, 즉 은밀한 사역이 끝날 때, 이 사역이 폭발적으로 확장될 것이다. 그러면 사람들은 중국에 이기는 자들이 있다는 것을 알게 되고, 하나님이 성육신으로 중국에 왔고 그의 사역이 이미 끝났음을 알게 될 것이다. 그제야 사람들은 중국이 오랫동안 쇠락하지 않고 무너지지 않은 것이 바로 하나님이 중국에서 친히 사역하여 이기는 자들을 온전케 했기 때문임을 문뜩 깨닫게 될 것이다."(말씀이 육신으로 p. 1280)

E. 말씀이 육신이 되는 것이 성육신이다.

"하나님은 말세에 성육신하여 주로 '말씀이 육신 되고, 말씀이 육신으로 오며, 말씀이 육신으로 나타난다'라는 이 말을 이룬다. 이 부분을 밝히 알지 못하면 여전히 굳게 서지 못한다. 하나님은 말세에 주로 말씀이 육신으로 나타나는 사역을 이루는데, 이것은 하나님 경륜의 일부 사역이다."(말씀이 육신으로 p. 880)

"도성육신인 하나님이 말씀을 하는데 , 이것이 바로 말씀이 육신에서 나타난 것이고 즉 '말씀'이 '육신'에 온 것이다. '태초에 말씀이 계시니라 이 말씀이 하나님과 함께 계셨으니 이 말씀은 곧 하나님이시니라 , 말씀이 육신 되었느니라' "(어린양이 펼친 책, p. 340)

F. 두 번째 성육신은 속죄 제물이 아니다.

"첫 번째 성육신은 죄에서 사람을 속량했다. 예수의 육신으로 사람을 속량해 온 것이다. 즉, 사람을 십자가에서 구해 낸 것이다. 하지만 사람 안에는 사탄의 패괴 성품이 계속 존재했다. 두 번째 성육신은 더 이상 속죄 제물이 되지 않고, 죄에서 속량 받은 사람들을 철저히 구원한다. 죄 사함을 받은 사람들이 죄에서 벗어나 완전히 정결케 되고, 성품이 변화됨으로써 사탄의 흑암 권세에서 벗어나 하나님의 보좌 앞으로 돌아올 수 있게 한다."(말씀이 육신으로 p. 1302)

G. 두 번째 성육신으로 죄를 완전히 정결케 한다.

"두 번째 성육신은 사람의 죄를 충분히 벗겨 버릴 수 있고 사람을 완전히 정결케 할 수 있다. 그러므로 두 번째 성육신으로 하나님이 육신으로 하는 모든 사역을 끝내고 하나님이 성육신한 의의를 완전케 하였다. 이로써 하나님이 육신으로 하는 사역이 전부 끝나게 되었다"(말씀이 육신으로 p. 1302)

H. 두 번째 성육신을 믿어야 구원 받을 수 있다.

"두 번째로 성육신한 사실을 거부하면, 아무 수확 없이 빈손으로 끝나고, 결국 하나님을 대적했다는 죄명을 얻을 수밖에 없다. 진리와 하나님의 사역에 순종할 수 있는 사람들은 두 번째로 성육신한 하나님인 전능자의 이름 아래로 돌아올 것이다."(말씀이 육신으로 p. 7)

"예수만 믿고 하나님이 마지막 시대에 성육신한 것을 믿지 않는 자들, 입으로는 성육신 하나님을 믿지만 악을 행하는 자들은 모두 적그리스도이다. 이런 부류의 자들은 모두 멸망할 대상이다."(말씀이 육신으로 p. 1818)

2) 반증

A. 구속이 완성됨으로 두 번째 성육신은 없다.

예수님이 성육신 하신 것은 구속을 이루시기 위해서이다. "그러므로 그가 범사에 형제들과 같이 되심이 마땅하도다. 이는 하나님의 일에 자비하고 신실한 대제사장이 되어 백성의 죄를 속량하려 하심이라"(히 2:17) 예수님이 속죄의 제물이 되기 위해서 인간의 몸으로 성육신을 하셔서 희생이 되셔야 하는 것이다. "그러므로 주께서 세상에 임하실 때에 이르시되 하나님이 제사와 예물을 원하지 아니하시고 오직 나를 위하여 한 몸을 예비하셨도다."(히 10:5) 예수님은 성육신 하셔서 구속을 완성하셨다. 구속을 완성하신 후에 다시 성육신 할 필요가 없게 된 것이다. "이 뜻을 따라 예수 그리스도의 몸을 단번에 드리심으로 말미암아 우리가 거룩함을 얻었노라"(히 10:10), "이것들을 사하셨은즉 다시 죄를 위하여 제사 드릴 것이 없느니라"(히 10:18) 성육신 하셔서 단번에 구속을 완성하셨으니 다시 성육신 할 이유가 없다.

B. 성육신은 동정녀 탄생을 해야 한다.

예수님은 동정녀 탄생을 하심으로 성육신 하였다. 즉 성령으로 잉태되심으로 원죄가 없이 여자의 후손(창3:15)으로 성육신 하신 것이다. 하나님이 인간의 몸을 입는 성육신이 어떻게 되는가를 예수님의 탄생으로 보여 주신 것이다. 그러나 중국여자 양향빈은 동정녀 탄생을 하지 않았고 성령으로 잉태되지도 않았다. 양향빈은 성육신한 하나님이 아니다.

C. 성육신한 하나님은 죄가 없어야 한다.

예수님은 육신을 입으시고 시험을 받으셨으나 죄가 없으셨다. "우리에게 있는 대제사장은 우리의 연약함을 동정하지 못하실 이가 아니요 모든 일에 우리와 똑같이 시험을 받으신 이로되 죄는 없으시니라"(히 4:15) 중국여자 양향빈은 성육신한 하나님이 아니다. 성육신하신 하나님이 죄 가운데서 산다는 것은 성육신의 하나님이 아니라는 증거이다. 성육신했다는 양향빈은 18세 때 유부남인 조유산을 만나 불륜 관계를 가졌고 "1995년 7월 7일 아들을 낳고 이름을 '조명(趙明)이라고 하였다."(고바울, p.140) 조유산이 양향빈을 성육신한 하나님이라는 주장을 한 때는 조유산이 양향빈과 불륜관계를 맺은 뒤부터이다. 아내와 자녀들까지 있는 남자와 불륜 관계를 가졌던 여자를 성육신한 하나님이라고 가르치는 동방번개의 교리는 사기라고 밖에 말할 수 없다.

D. 두 번째 성육신의 예언이 없다.

하나님이 인간의 몸으로 이 땅에 오시는 성육신 사건은 지구 역사 최초이자 마지막 사건이다. 그래서 예수님께서 성육신하신 때는 미리 구약 성경에 50가지의 예언이 되어 있다. 그가 태어나는 방법, 장소, 가문, 사는 곳, 사역의 모습, 십자가의 죽음, 부활 등이 자세하게 예언되어 있다. 하나님께서는 하나님의 역사를 하시기 전에 반드시 미리 계시로 보여주시고 예언하게 하신 후 역사하신다. "주 여호와께서는 자기의 비밀을 그 종 선지자들에게 보이지 아니하시고는 결코 행하심이 없으시리라"(암 3:7). 동방번개파가 주장하는 것처럼 하나님이 두 번째 성육신 하셨다면 이는 가장 중요한 사건이며 하나님의 가장 큰 역사이다, 그러나 성경에는 두 번째 성육신의 암시조차도 없다. 더구나 중국의 여성으로 성육신 한다는 어떤 예언도 없었다.

이들은 두 번째 성육신을 믿어야 구원받을 수 있다고 주장하고 있다. 구원에 관계된 두 번째 성육신이라면 성경에 한 번의 예언도 없이 이루실 리가 없다. 성경에 예언되지 않은 두 번째 성육신의 교리는 거짓이다.

E. 재림은 성육신으로 오시지 않는다.

초림은 성육신하실 것을 미리 예언하였고 예언대로 동정녀의 몸에서 성령의 잉태로 탄생하셨다. 초림의 성육신 예언에는 아기로 태어날 것이 예언되었다. "이는 한 아기가 우리에게 났고 한 아들을 우리에게 주신 바 되었는데…"(사 9:6). 그러나 재림은 하늘에서 강림하시는 것으로 예언 되었다. "볼지어다 그가 구름을 타고 오시리라 각 사람의 눈이 그를 보겠고 그를 찌른 자들도 볼 것이요 땅에 있는 모든 족속이 그로 말미암아 애곡하리니 그러하리라 아멘"(계 1:7). 재림은 아기로 탄생할 것이라고 예언되지 않았다. 재림은 성육신이 아니라 하늘로부터 오신다고 예언된 것이다. "주께서 호령과 천사장의 소리와 하나님의 나팔 소리로 친히 하늘로부터 강림하시리니 그리스도 안에서 죽은 자들이 먼저 일어나고"(살전 4:16). 동방번개 집단이 주장하는 하나님이 성육신하여 양향빈의 몸으로 재림했다는 교리는 거짓이다.

4. 재림 교리

1) 동방번개파의 주장

A. 재림은 은밀히 오신다.

"하나님이 하늘에서 땅에 왔을 때, 하늘에서도 땅에서도 아무도 알지 못했다. 이는 하나님이 은밀히 재림한 참뜻이기 때문이다. 그가 육신을 입고 사역하면서 오랜 시간을 보냈는데도 이를 아는 사람은 없었다. 그리고 오늘날까지도 아는 이가 없다."(말씀이 육신으로 p. 1138)

"그가 이미 강림하였지만, 사람들은 알아보지 못하였다. 사람들은 알지도 못하고 다만 아무런 목적 없이 그를 기다리고 있을 뿐이다. 그가 이미 흰 구름을 타고 (흰 구름은 그의 영 , 그의 말씀. 그의 모든 성품과 소시를 가리킨다) 말세에 온전케 하려는 한 무리의 이기는 자들 가운데 강림하였다는 것을 사람이 어찌 생각이나 했겠는가"(어린양이 펼친 책, p. 6)

B. 중국여성 양향빈으로 재림하였다.

"하나님 도성육신이 중국에 은밀히 강림하셔서 한 단계 정복 구원의 사역을 하셨습니다. 그리스도의 말씀에 정복되어 지극히 큰 구원을 받은 우리 이 한 무리 사람들은 하나님의 말씀이 좌우에 날선 검과 같이 실로 사람을 구원하고 사람을 변화시키고 사람을 온전케 하여 인류로 하여금 사탄의 죄악에서 벗어나 완전히 하나님께 얻어지게 할 수 있음을 체득하였고, 더욱이 그리스도가 확실히 진리의 길. 생명임을 터득하였습니다."(어린양이 펼친 책 p. 1)

C. 교주 양향빈은 성육신한 하나님이며 재림주이다.

"도성육신인 그리스도-전능하신 하나님이 바로 우리가 간절히 바라던 재림하신 예수님이며, 그분만이 사람에게 영생의 도를 베풀어 주실 수 있습니다."(국도복음 간증문답 질문3)

2) 반증

A. 재림하실 때는 죽은 자의 부활이 있다.

예수님께서 재림하실 때는 죽은 자들이 부활하게 된다고 성경은 예언하였다. "주께서 호령과 천사장의 소리와 하나님의 나팔 소리로 친히 하늘로부터 강림하시리니 그리스도 안에서 죽은 자들이 먼저 일어나고." 양향빈이 재림 주라면 양향빈으로 성육신하여 재림했을 때 주안에서 죽은 자들이 부활하는 역사가 있어야 한다. 중국에 양향빈으로 재림했다고 하는 동방번개파에게 묻는다. 죽은 자의 부활이 있었는가? 그런 일이 없었다면 양향빈은 거짓 그리스도이며 예수님이 재림하신 것이 아니다.

B. 예수님이 재림하시면 거짓 그리스도를 폐하신다.

예수님께서 재림하시면 세상의 이단 교주들 즉 거짓 그리스도들이 죽임을 당한다. "그 때에 불법한 자가 나타나리니 주 예수께서 그 입의 기운으로 그를 죽이시고 강림하여 나타나심으로 폐하시리라"(살후 2:8). 본문의 불법한 자는 자기를 하나님이라고 하는 자들을 말한다(4절). 이러한 모든 이단 교주들은 예수님이 강림하여 나타나심으로 죽이시고 폐하신다. 양향빈이 재림 주라면 예수님이 양향빈으로 재림하셨을 때 세상의 모든 이단 교주들이 죽고 폐하는 일이 있었어야 한다. 하나님이 성육신 하여 양향빈의 육신으로 재림하셨다고 하는데 거짓 그리스도들이 아직도 계속 활동하고 있다. 이는 예수님이 아직 재림하시지 않았다는 증거이며 재림 주라고 하는 양향빈도 거짓 그리스도라는 의미이다.

C. 세상의 특정 장소로 재림했다는 것은 거짓 그리스도이다.

동방번개파는 예수님이 중국 내륙으로 재림하여 계신다고 한다.

"하나님은 중화 대륙, 즉 홍콩이나 대만 동포가 말하는 내륙에 성육신하였다. 하나님이 하늘에서 땅에 왔을 때, 하늘에서도 땅에서도 아무도 알지 못했다. 이는 하나님이 은밀히 재림한 참뜻이기 때문이다. 그가 육신을 입고 사역하면서 오랜 시간을 보냈는데도 이를 아는 사람은 없었다. 그리고 오늘날까지도 아는 이가 없다. 어쩌면 이는 영원한 '수수께끼'로 남을 수도 있겠다. 하나님이 이번에 육신으로 왔다는 것을 알 수 있는 사람은 없다."(말씀이 육신으로 p.1137-1138)

예수님은 재림하여 특정 지역에 머물러 계시지 않는다. 예수님은 거짓 그리스도의 분별은 특정 지역에 재림주가 왔다는 주장을 통해 분별할 수 있다고 하셨다. "그 때에 사람이 너희에게 말하되 보라 그리스도가 여기 있다 혹은 저기 있다 하여도 믿지 말라"(마 24:23), "그러면 사람들이 너희에게 말하되 보라 그리스도가 광야에 있다 하여도 나가지 말고 보라 골방에 있다 하여도 믿지 말라."(마 24:26) 동방번개파는 그리스도가 중국이라는 특정 국가에 재림했다는 주장을 하는데 성경에 따르면 그런 주장을 믿어서는 안된다. 그리스도가 '여기 있다'며 중국으로 재림했다는 양향빈은 예수께서 말씀하신 거짓 그리스도가 분명하다.

D. 재림은 은밀히 오시는 것이 아니다.

동방번개파는 예수님의 재림이 은밀하게 중국에서 이루어졌다고 한다.

"하나님 도성육신이 중국에 은밀히 강림하셔서 한 단계 정복 구원의 사역을 하셨습니다."(어린양이 펼친 책 p. 1).

　그러나 성경은 예수님의 재림이 조용하게 이루어지지 않는다고 증거하고 있다. "주께서 호령과 천사장의 소리와 하나님의 나팔로 친히 하늘로 좇아 강림하시리니 그리스도 안에서 죽은 자들이 먼저 일어나고 그 후에 우리 살아남은 자도 저희와 함께 구름 속으로 끌어올려 공중에서 주를 영접하게 하시리니 그리하여 우리가 항상 주와 함께 있으리라"(살전 4:16-17). 이 본문에서 '호령', '천사장의 소리', '하나님의 나팔'은 결코 은밀한 재림이 아님을 말씀하고 있다. "그 때에 인자의 징조가 하늘에서 보이겠고 그 때에 땅의 모든 족속들이 통곡하며 그들이 인자가 구름을 타고 능력과 큰 영광으로 오는 것을 보리라"(마 24:30). 땅의 모든 족속이 통곡한다는 것은 결코 은밀한 재림이 아니라는 것이다. 동방번개파의 말대로 예수님께서 은밀하게 재림을 하셨다면 그것은 분명 예수님의 재림이 아니고 양향빈 같은 거짓 그리스도의 출현일 뿐이다.

5. 새 이름 교리

1) 동방번개파의 주장

A. 시대마다 하나님의 이름은 바뀐다.

"하나님이 한 단계의 새로운 사역을 전개할 때마다 언제나 새로운 시작이 있고 언제나 새로운 시대를 가져오며, 또한 하나님의 성품, 하나님의 역사 방식, 하나님의 역사 지점, 하나님의 이름까지도 상응한 변화가 있게 된다."(어린양이 펼친 책p.6)

"매 시대, 매 단계 역사에서 나의 이름은 모두 대표적 의의가 있는 것이지 근거 없는 것이 아니다. 바로 매 하나의 이름은 하나의 시대를 대표하는 것이다."(어린양이 펼친 책p.8)

"하나님이 땅에 한번 오면 이름을 한번 바꿔야 하고, 한번 오면 성별을 한번 바꾸고, 한번 오면 형상을 한번 바꾸고, 한번 오면 한 단계 사역을 바꾸는데, 그는 중복 사역을 하지 않는다. 그는 항상 새로운 하나님이다."(어린양이 펼친 책p.489)

B. 구약 시대의 하나님의 이름은 '여호와' 신약시대의 하나님의 이름은 '예수'이다.

"'여호와'는 율법시대를 대표하는데 이스라엘 사람들이 경배하는 하나님에 대한 존칭이며, '예수'는 은혜시대를 대표하는데 은혜시대의 구속된 모든 사람들의 하나님의 이름이다."(어린양이 펼친 책p.8)

"율법시대에 하나님의 이름은 여호와로 불렸고 은혜시대에 이르러 하나님의 이름은 또 예수로 불렸습니다. 하나님께서 여호와의 이름이 영원하다고 말씀하신 이상, 왜 은혜시대에 이르러 하나님의 이름이 또 예수로 바뀌었습니까?"(국도복음 설교특집 p. 29)

C. 마지막 시대의 하나님의 새 이름은 '전능하신 하나님'이다.

"예수가 한번 왔었는데, 이번에 또 '예수'가 온다면 맞지 않는 것이다. 한 시대에 하나의 이름인데 어느 이름이나 다 시대성이 있는 것이다." (어린양이 펼친 책p.234)

"계시록 3장 12절에 '이기는 자는 내 하나님 성전에 기둥이 되게 하리니 그가 결코 다시 나가지 아니하리라 내가 하나님의 이름과 하나님의 성 곧 하늘에서 내 하나님께로부터 내려오는 새 예루살렘의 이름과 나의 새 이름을 그이 위에 기록하리라' 여기의 새 이름은 어떻게 해석하겠습니까? 형제자매님. 계시록에 분명히 하나님께 말세에 또 새 이름이 있다고 예언하였는데 그러면 이 새 이름이 여전히 '예수'로 불리겠습니까? 우리가 알다시피 예수님의 이름은 이미 예수님을 믿는 사람들이 2천년 동안이나 부르짖었습니다. 만약 계시록에 예언한 새 이름이 오늘날 응할 때에도 여전히 예수로 불린다면 어찌 새 이름이라 칭할 수 있겠습니까?"(국도복음 설교특집 p. 29)

"그러므로 마지막의 시대 즉 최후의 시대가 도래할 때, 나의 이름은 여전히 변하게 된다. 여호와라 하지 않고 예수라고도 하지 않고 더욱이 메시아라고도 하지 않고, 능력이 지극히 큰 전능한 하나님 자신이라 칭하는데, 이 이름으로써 전체 시대를 끝마친다."(어린양이 펼친 책p.8)

"그러므로 말하니, 율법 시대에는 여호와가 하나님의 이름이었으며, 은혜시대에는 예수 이름이 하나님을 대표 하였으며 , 말세에는 그의 이름이 전능한 하나님 바로 전능자인데, 그의 능력으로써 사람을 인솔하고 사람을 정복하고 사람을 얻으며 최종에 이르러 시대를 끝마친다."(어린양이 펼친 책p.496)

동방번개파는 '전능하신 하나님'이 새 이름이며 이 시대에 맞는 이름이라고 하여 이들의 단체명도 '전능하신 하나님의 교회'이다.

2) 반증

A.하나님의 이름은 바뀌지 않는다.

이름이 개명될 때는 이름에 문제가 있을 때 바뀌는 것이다. 하나님의 이름은 언제나 바뀔 필요가 없으며 바뀌지 않는다. "하나님이 또 모세에게 이르시되 너는 이스라엘 자손에게 이같이 이르기를 너희 조상의 하나님 여호와 곧 아브라함의 하나님, 이삭의 하나님, 야곱의 하나님께서 나를 너희에게 보내셨다 하라 이는 나의 영원한 이름이요 대대로 기억할 나의 칭호니라"(출 3:15). 하나님의 이름은 영원한 이름이라고 하였다. 시대마다 바뀌는 것이 아니고 사역마다 바뀌는 것이 아니다. 하나님 이름이 시대마다 바뀌었다고 하는 것은 잘못된 것이다.

B. '여호와'의 이름이 '예수'로 바뀐 것이 아니다.

동방번개파는 구약에서는 하나님을 '여호와'라고 부르다가 신약에서 '예수'로 바뀌었다고 하였다. 이는 맞지 않는 말이다. 하나님의 이름은 '여호와'(자존자), '예수'(구원자)를 다 사용하고 있다. 구약에서도 여호와 하나님을 '구원자'(예수)로 불렀다. "나 곧 나는 여호와라 나 외에 구원자(예수)가 없느니라."(사 43:11). 뿐만 아니라 신약에서도 '여호와' 이름을 사용하고 있다. "이 일 후에 내가 들으니 하늘에 허다한 무리의 큰 음성 같은 것이 있어 이르되 할렐루야 구원과 영광과 능력이 우리 하나님께 있도다"(계 19:1). 이 본문에서 '할렐루야'는 '여호와를 찬양하라'의 뜻이다. '야'라는 단어가 '여호와'이다. 시대마다 하나님의 이름이 바뀌었다는 것은 잘못된 주장이다.

C. '전능하신 하나님'은 하나님의 새 이름이 아니다.

동방번개파는 하나님의 이름이 마지막 시대에는 '전능하신 하나님'으로 바뀌었다고 한다. 구약에서는 여호와, 신약에서는 예수, 말세에는 '전능하신 하나님'으로 바뀌었다는 것이다. 이러한 주장 또한 엉터리이다. '전능하신 하나님'은 구약에서도 많이 사용되고 있었다.

"전능하신 하나님이 네게 복을 주시어⋯"(창 28:3), "전능하신 하나님께서 그 사람 앞에서 너희에게 은혜를 베푸사⋯"(창 43:14), "⋯ 전능하신 하나님이 내게 나타나사 복을 주시며"(창 48:3), "전능하신 하나님이 말씀하시는 음성 같더라"(겔 10:5). 이렇게 구약에서 전체적으로 계속 사용되었다. 뿐만 아니라 '전능하신 하나님'이라는 표현은 구약에서 뿐 아니라 신약에서도 사용하고 있었다. "전능하신 하느님의 오른편에 앉게 될 것이다"(공동번역, 눅 22:69). 이렇게 이미 구약부터 신약까지 사용한 '전능하신 하나님'은 하나님의 새 이름도 아니고, 바뀐 이름도 아니다.

D. '전능하신 하나님'은 하나님의 이름이 아니다.

'전능하신 하나님'이라는 단어는 고유명사가 아니다. 하나님을 수식하는 단어이다. '좋으신 하나님', '신실하신 하나님', '은혜로우신 하나님'처럼 하나님의 성품을 표현한 것이다. 형용사가 붙은 수식하는 단어를 이름이라고 하는 것은 맞지 않다. '전능하신 하나님'은 새 이름도, 바뀐 이름도 아닌 구약에서부터 사용되어온, 하나님이 전능하시다는 것을 수식하는 단어일 뿐이다. 따라서 '전능하신 하나님' 새 이름 교리는 엉터리이다.

6. 동방 교리

1) 동방번개파의 주장

A. 성경의 동방은 중국이다.

"전능하신 하나님께서 먼저 동방(중국)에서 한 무리 이기는 자들을 온전케 하실 것이고 연후에 이 무리 이기는 자들에 의하여 그분의 복음을 서방까지 확장하여 온 천하의 사람이 모두 하나님의 말세의 구원의 은혜를 받을 수 있도록 하시는 것입니다."(국도복음간증문답 질문17)

B. 재림 주가 동방으로 왔다.

"또한 모든 사람에게 내가 이미 인간 세상에 왔고, 이미 이스라엘에서의 내 영광을 동방으로 가져왔음을 알게 할 것이다. 나의 영광이 동방에서 나왔고, 은혜시대에서 오늘날로 옮겨져 왔기 때문이다. 나는 이스라엘을 떠났고 또 이스라엘에서 동방으로 왔다. 동방의 빛이 점점 밝아 올 때 어두웠던 온 땅이 조금씩 밝아지면 사람은 그제야 내가 이스라엘이 아닌 동방에서 새롭게 떠올랐음을 알게 될 것이다."(말씀이 육신으로 p. 892)

C. 동방(중국)을 가나안으로 만든다.

"나는 동방에 강림하였고, 동방의 백성에게 가나안을 가져다주었다. 나는 온 땅의 백성을 가나안 땅으로 인도할 것이며, 그것을 위해 가나안 땅에서 계속 음성을 발하고 전 우주를 통제할 것이다. 이때 가나안을 제외한

온 땅은 광명이 없고, 사람은 모두 굶주림과 추위에 위협받을 것이다."(말씀이 육신으로 p. 892)

D. 중국에서 마지막 사역이 이루어진다.

"하나님의 땅에서의 사역이 끝날 때 , 바로 은밀한 사역이 끝날 때, 이 단계 사역이 곧 폭발하게 되는데, 사람들은 모두 중국에 한 무리 이기는 자들이 있음을 알게 되고, 하나님이 중국에서 말씀이 육신 되었고 그의 사역이 이미 끝났음을 알게 된다."(어린양이 펼친책 p. 559)

"이 마지막 사역을 중국이란 나라에서 행하는 이유는 사역을 끝내기 위함이며, 모든 사역을 성취하기 위함이다."(어린양이 펼친 책 p. 1198)

E. 중국인이 전 인류를 대표한다.

"유대인이 전 인류를 대표하여 예수가 친히 한 구속을 받아들일 수 있었고 중국 사람이 전 인류를 대표하여 도성육신인 하나님이 친히 하는 정복을 받아들일 수 있으며, 유대인이 전 인류를 대표한 것은 근거가 있는 것이고 중국 사람이 전 인류를 대표하여 하나님이 친히 하는 정복 사역을 받아들이는 것도 역시 근거가 있는 것이며, 유대인 가운데서 구속의 사역을 하면 구속의 의의를 최고로 나타낼 수 있었고 중국사람 가운데서 정복의 사역을 하면 정복 사역의 철저함과 성공을 최고로 나타낼 수 있다."(어린양이 펼친 책 p. 559)

F. 세계인들이 중국으로 몰려 올 것이다.

"내 이름이 각 지역과 각처로 퍼져 나가 모든 사람이 내 거룩한 이름을 알고, 나를 알게 될 것이다. 미국, 일본, 캐나다, 싱가포르, 러시아, 마카오, 홍콩, 각 나라와 각 분야의 사람들이 곧 한꺼번에 중국으로 몰려들어 참 도를 찾을 것이다. 나의 이름은 이미 그들에게 증거되었다. 그러니 너희가 되도록 빨리 자라 그들을 목양하고 이끌기만을 기다릴 뿐이다"(말씀이 육신으로 p. 128)

"내가 지시한 모든 것을 속히 행하여라. 다시 한 번 말하겠는데, 이는 경고이기도 하다. 외국인들이 곧 중국으로 몰려들 것이다. 이는 의심할 여지가 없는 사실이다!"(말씀이 육신으로 p. 155)

"참 도를 찾는 일곱 나라의 사람들은 만사를 제쳐두고 봇물이 터진 듯 필사적으로 중국으로 몰려들 것이다. 그들 중에는 내가 택한 자도 있고, 나를 위해 힘쓰는 자도 있겠지만 장자는 없다."(말씀이 육신으로 p. 159)

2) 반증

A. 성경의 동방은 중국이 아니다.

거짓 그리스도 이단 교주들이 자신을 신격화 하기 위해 사용하는 교리가 동방 교리이다. 한국의 재림 주들은 성경의 동방을 한국이라고 한다. 통일교 문선명, JMS 정명석, 하나님의 교회 안상홍, 전도관 박태선 등 이단 교주들은 한국이 동방이며 재림 주가 한국인으로 온다고 하였다. 필리핀의 이단들은 필리핀이 동방이라고 주장한다. 중국산 이단인 동방번개파도 중국을 동방이라고 주장하는 것이다. 이러한 동방번개파의 주장은 엉터리이며 억지 주장이다. 성경의 동방은 중국이 아니다. 성경에서 중국을 동방이라 말한 곳이 없다. 성경에서 말하는 동방은 "팔레스타인 동남쪽에 펼쳐있는 아라비아 일부 지역에 해당된다(기독교문사, 기독교 대백과사전 4권. p. 594). 성경에서도 동방이 아라비아 지역이라고 하였다. "이스라엘 자손이 요단 저편 해돋는 편 곧 아르논 골짜기에서 헤르몬 산까지의 동방 온 아라바를 점령하고 그 땅에서 쳐죽인 왕들은 이러하니라"(수 12:1), "그가 내게 이르시되 이 물이 동방으로 향하여 흘러 아라바로 내려가서 바다에 이르리니 이 흘러내리는 물로 그 바다의 물이 소성함을 얻을지라"(겔 47:8). 성경에서 말하고 있는 모든 동방은 다 이스라엘 동쪽의 아라비아 지역을 말하고 있다. 성경의 동방을 중국으로 해석하는 동방번개파의 주장은 맞지 않다.

B. 성경에 동방이 중국이라면?

성경에서 말하는 동방을 중국이라고 하여 만든 것이 동방번개파의 교리이다. 이들의 교리가 맞으려면 성경의 동방이 중국이 되어야 한다. 그러나 성경을 잘 살펴보면 이는 터무니없는 엉터리 주장이라는 것을 알 수 있다. 동방이 중국이라면 바벨탑을 중국에 세웠다는 말이 된다. "이에 그들이 동방으로 옮기다가 시날 평지를 만나 거기 거류하며 서로 말하되 자, 벽돌을 만들어 견고히 굽자 하고 이에 벽돌로 돌을 대신하며 역청으로 진흙을 대신하고 또 말하되자, 성읍과 탑을 건설하여 그 탑 꼭대기를 하늘에 닿게 하여 우리 이름을 내고 온 지면에 흩어짐을 면하자 하였더니"(창11:2-4). 이 본문을 보면 바벨탑을 동방에 세웠다고 되어있다. 동방이 중국이라면 중국에 바벨탑을 세웠는가? 바벨탑은 이라크 땅에 그 유적이 있다. 성경대로 이스라엘 동쪽의 아라비아 지역을 말하고 있는 것이다. 또 욥은 동방 사람이라고 하였다. "우스 땅에 욥이라 이름하는 사람이 있었는데 그 사람은 순전하고 정직하여 하나님을 경외하며 악에서 떠난 자더라 …이 사람은 동방 사람 중에 가장 큰 자라"(욥 1:1-3). 동방이 중국이라면 욥이 중국 사람이라는 말이 된다. 욥은 중국 사람이 아니다. 욥이 살던 우스 땅은 중국에 없다. 욥은 성경의 동방인 아랍 사람이었다. 신약 성경에서도 동방은 중국이 아니다. 예수님께서 유대 땅에 탄생하셨을 때 경배하러 온 사람들이 있었다. "헤롯 왕 때에 예수께서 유대 베들레헴에서 나시매 동방으로부터 박사들이 예루살렘에 이르러 말하되 유대인의 왕으로 나신 이가 어디 계시뇨 우리가 동방에서 그의 별을 보고 그에게 경배하러 왔노라 하니"(마 2:1-2). 중국이 성경의 동방이라면 예수님 탄생 시에 경배하러 왔던 동방의 박사들이 중국 사람이었다는 말이 된다. 동방 박사들은 중국 사람이 아니었다. 특히 계시록 16:12에는 또 여섯째가 그 대접을 큰 강 유브라데에 쏟으매 강물이 말라서 동방에서 오는 왕들의 길이 예비되더라고 했는데, 유브라데는 중국에 있는 강이 아니다(신 11:24, 수 1:4). 동방을 중국이라고 해석하는 것은 비성경적인 주장이다.

C. 동방의 의인은 양향빈이 아니다.

성경 이사야 41~46장에는 동방의 의인이 언급되어 있다. 여기에서 말하는 동방의 의인은 과연 누구를 가리킬까? 많은 거짓 그리스도들은 그 동방에서 일으키는 사람이 바로 자기라고 주장하였다. 특히 동방번개파도 동방을 중국으로 해석하고 동방에서 일으키는 사람이 교주 양향빈이라고 주장하였다. 과연 그런지 다음 본문들을 먼저 살펴보자.

"누가 동방에서 사람을 일으키며 의로 불러서 자기 발 앞에 이르게 하였느뇨 열국으로 그 앞에 굴복케 하며 그로 왕들을 치리하게 하되 그들로 그의 칼에 티끌 같게 그의 활에 불리는 초개 같게 하매"(사 41:2)

"내가 한 사람을 일으켜 북방에서 오게 하며 내 이름을 부르는 자를 해 돋는 곳에서 오게 하였나니 그가 이르러 방백들을 회삼물같이 토기장이의 진흙을 밟음같이 밟을 것이니"(사 41:25)

"두려워 말라 내가 너와 함께하여 네 자손을 동방에서부터 오게 하며 서방에서부터 너를 모을 것이며"(사 43:5)

"내가 동방에서 독수리를 부르며 먼 나라에서 나의 모략을 이룰 사람을 부를 것이라 내가 말하였은즉 정녕 이룰 것이요 경영하였은즉 정녕 행하리라"(사 46:11)

이 본문들에서 말하는 동방의 의인은 누구를 가리키고 있는가? 동방번개파의 말대로 양향빈을 가리키고 있는 것일까? 결코 그렇지 않다. 본문들에서 말하고 있는 동방의 의인은 예루살렘 성전을 건축할 페르시아(동방)의 왕 고레스를 말하고 있다.

"고레스에 대하여는 이르기를 그는 나의 목자라 나의 모든 기쁨을 성취하리라 하며 예루살렘에 대하여는 이르기를 중건되리라 하며 성전에 대하여는 이르기를 네 기초가 세움이 되리라 하는 자니라"(사 44:28)

"나 여호와는 나의 기름받은 고레스의 오른손을 잡고 열국으로 그 앞에 항복하게 하며 열 왕의 허리를 풀며 성문을 그 앞에 열어서 닫지 못하게 하리라 내가 고레스에게 이르기를 내가 네 앞서 가서 험한 곳을 평탄케 하며 놋문을 쳐서 부수며 쇠빗 장을 꺾고 네게 흑암 중의 보화와 은밀한 곳에 숨은 재물을 주어서 너로 너를 지명하여 부른 자가 나 여호와 이스라엘의 하나님인 줄 알게 하리라"(사 45:1~3).

살펴본 바와 같이 이사야서에 있는 동방의 의인은 양향빈이 아니라 예루살렘 성전을 건축할 고레스를 말하는 것이다. 예언대로 고레스는 이스라엘의 동방에 위치한 페르시아의 왕으로서 예루살렘 건축령을 내린 왕이었다. 이렇게 분명한 예언을 양향빈이라는 동방번개 집단의 주장은 비성경적이며 엉터리이다.

D. 동방번개파의 교리를 들으려고 세계에서 중국으로 모인다는 주장은 맞지 않다.

중국을 동방이라고 해석하고 중국여자 양향빈을 재림 주라고 가르치는 동방번개파는 자신들의 교리를 듣기 위해 전 세계 사람들이 몰려 들 것이라고 하였다.

> "내 이름이 각 지역과 각처로 퍼져 나가 모든 사람이 내 거룩한 이름을 알고, 나를 알게 될 것이다. 미국, 일본, 캐나다, 싱가포르, 러시아, 마카오, 홍콩, 각 나라와 각 분야의 사람들이 곧 한꺼번에 중국으로 몰려들어 참도를 찾을 것이다."(말씀이 육신으로 p. 128)

중국에서 교리를 가르치고 중국으로 세계 사람들이 몰려온다면 전능하신 하나님 양향빈은 중국에서 찾아오는 사람들에게 도를 가르쳐야 한다. 그러나 중국의 전능하신 하나님이라는 양향빈과 그 신도들은 중국 정부의 체포령을 피하여 중국에서 미국으로 건너가 도피 생활을 하는 것으로 알려졌다. 전능하신 하나님이 들어가지도 못하는 중국에 세계 각국의 사람들이 모여 온다는 것은 맞지 않는 말이다. 중국은 성경의 동방도 아니고 양향빈은 재림 주도 아니다.

E. 중국(동방)을 가나안으로 만든다는 주장이 맞지 않다.

전능하신 하나님이라는 양향빈은 동방인 중국에 재림했다고 한다. 그래서 중국에서 계속 말씀을 전하고 중국을 가나안 땅으로 만들어 중국에서 우주를 다스린다는 주장을 했다.

"나는 동방에 강림하였고, 동방의 백성에게 가나안을 가져다주었다. 나는 온 땅의 백성을 가나안 땅으로 인도할 것이며, 그것을 위해 가나안 땅에서 계속 음성을 발하고 전 우주를 통제할 것이다. 이때 가나안을 제외 한 온 땅은 광명이 없고, 사람은 모두 굶주림과 추위에 위협받을 것이다."(말씀이 육신으로 p. 892)

동방인 중국은 가나안 땅이 되어 전능하신 하나님 양향빈에게 음성을 들으나 다른 나라 사람들은 굶주림과 추위 그리고 위협을 받을 것이라고 하였다. 그러나 실상은 전능하신 하나님이라는 양향빈은 중국에서 미국으로 도피한 상태이며 그 신도들은 중국의 박해에 외국으로 피신하여 세계 각국에서 망명 신청을 하고 있다. 양향빈의 신도들이 가나안 땅이 된 중국에서 세계를 다스려야 하는데 중국에서 쫓겨나 난민이 된 것이다. 따라서 중국은 가나안도 동방도 아니고 양향빈은 재림주가 아니다.

7. 동방번개 교리

1) 동방번개파의 주장

A. 재림 때 번개가 빛을 발한다

"말세에 하나님께서 하시는 사역과 말씀이 바로 '번개'가 발하는 '빛'일 뿐만 아니라 동방에서 서방까지 전하는 것인데, 즉 전능하신 하나님께서 먼저 동방(중국)에서 한 무리 이기는 자들을 온전케 하실 것이고 연후에 이 무리 이기는 자들에 의하여 그분의 복음을 서방까지 확장하여 온 천하의 사람이 모두 하나님의 말세의 구원의 은혜를 받을 수 있도록 하시는 것입니다."(국도복음 간증문답 17)

"예수님이 이미 육신으로 돌아와 세계의 동방-중국에 오셔서 국도시대를 개척하셨고 사람을 심판하고 정결케 하는 한 단계 더 새롭고 더 높은 사역을 하셨음을 알려 줍니다. 바로 마태복음 24장 27절이 응한 것입니다. '번개가 동편에서 나서 서편까지 번쩍임 같이 인자의 임함도 그러하리라'"(국도복음 설교특집 p. 366)

B. 번개는 하나님의 사역과 말씀이다,

"우리는 '번개'·'많은 물소리'·'큰 우렛소리'는 의심할 바 없이 하나님이 말세에 하실 사역과 하실 말씀을 가리킨다는 것을 볼 수 있습니다. 다시 말하면, 말세에 하나님께서 땅에서 새 사역을 하실 것이며, 그분께서 땅에서 왕 노릇 하실 것이며, 그분께서 사람에게 생명을 공급하는 말씀을 발표하실 것이고 그분의 발표하신 말씀으로써 사람을 정결케 하고 사람을 변화시키고 사람을 온전케 하실 것입니다."(국도복음 간증문답17문)

"말세에 하나님께서 하시는 사역과 말씀이 바로 '번개'가 발하는 '빛'일 뿐만 아니라 동방에서 서방까지 전하는 것인데, 즉 전능하신 하나님께서 먼저 동방(중국)에서 한 무리 이기는 자들을 온전케 하실 것이고 연후에 이 무리 이기는 자들에 의하여 그분의 복음을 서방까지 확장하여 온 천하의

사람이 모두 하나님의 말세의 구원의 은혜를 받을 수 있도록 하시는 것입니다."(국도복음 간증문답17문)

C. 번개는 하나님의 진노를 가리킨다.

"'번개'란 하나님의 '진노'를 가리킨다. 하나님이 진노를 크게 발할 때 온 세계는 이것으로 인하여 각종 재난을 겪게 되는데, 마치 화산이 터져 갈라지는 것과 같다. 하늘 위에 서서 땅의 각종 재해가 나날이 전 인류에게 임박하고 있음을 족히 볼 수 있다. 높은 곳에 서서 바라보니, 땅은 마치 지진 전의 각종 광경처럼 불물이 도처에서 솟구치고 암장이 도처에서 유동하고 산이 옮겨지고 도처에서 서릿발이 번쩍이며, 온 세계는 불속에 침몰되고 있다. 이것이 바로 하나님이 진노를 발할 때의 광경이고 하나님이 심판할 때이다."(국도복음 간증문답17문)

"'번개'는 하나님의 '진노'를 가리킨다. 하나님이 크게 진노하면 온 세상은 이로 인해 갖은 재난을 겪는다. 이는 마치 화산이 폭발하는 것과 같다. 하늘 위에 서 있으면 땅의 온갖 재앙이 전 인류에게 나날이 가까워지는 것을 볼 수 있다"(말씀이 육신으로, p. 622)

D. 번개가 발할 때 무자비한 심판이 나타난다.

"나의 사역은 번쩍이는 번개와 같고, 전광석화 같은 방식으로 이루어진다. 오늘날, 내 사역이 이미 이 단계에 이르렀으니 꾸물거리는 자가 있다면 무자비한 심판을 받을 것이다. 나는 더 이상 네가 상상하는 긍휼과 자비가 아니라 위엄과 심판임을 확실히 알아야 한다. 이 점에 대해 여전히 두리뭉

실하다면 너는 심판을 받게 될 것이다. 네가 깨닫지 못한다면 직접 맛보게 해 주는 수밖에 없다. 그렇게 하지 않으면 너는 계속 의혹을 품으며 진담으로 여기지 않을 것이다."(말씀이 육신으로p. 101)

E. 교주 양향빈이 말씀을 전할 때가 번개가 나타난 때이다.

"동방에서 번개가 번쩍일 때는 바로 내가 음성을 발하기 시작할 때이다. 번개가 번쩍이면 온 하늘이 환해지고 모든 별들이 변화한다. 전 인류가 말끔하게 정리된 듯하다. 동방에서 비치는 이 빛줄기에 모든 사람의 본모습이 드러난다."(말씀이 육신으로p. 371)

F. 양향빈의 왕권이 이루어질 때까지 번개는 계속된다.

"세계의 동방에서 하나님 자신이 증거 되기 시작하면 서부터 사역을 행하고 신성으로 온 땅에서 왕권을 잡기까지, 이는 동방번개 의 빛줄기로 계속 전 우주를 밝게 비추는 것이다. 세상의 나라가 그리스도의 나라가 될 때는 전 우주를 밝게 비출 때이다. 지금은 동방에서 번개가 번쩍이는 때이니, 성육신 하나님이 사역하기 시작하고, 또한 신성으로 직접 말씀한다. 하나님이 땅에서 말씀하기 시작할 때는 동방에서 번개가 번쩍이는 때라고 할 수 있다."(말씀이 육신으로p. 583)

G. 마24:27은 양향빈의 말씀의 사역이 중국에서부터 서방으로 전해질 것에 대한 예언이다.

"말세에 하나님께서 하시는 사역과 말씀이 바로 '번개'가 발하는 '빛'일 뿐만 아니라 동방에서 서방까지 전하는 것인데, 즉 전능하신 하나님께서 먼저 동방(중국)에서 한 무리 이기는 자들을 온전케 하실 것이고 연후에 이무리 이기는 자들에 의하여 그분의 복음을 서방까지 확장하여 온 천하의 사람이 모두 하나님의 말세의 구원의 은혜를 받을 수 있도록 하시는 것입니다."(국도복음 간증문답 질문17)

2) 반증

A. 마24:27은 재림 때에 번개가 빛을 발한다는 말이 아니다.

"그러면 사람들이 너희에게 말하되 보라 그리스도가 광야에 있다 하여도 나가지 말고 보라 골방에 있다 하여도 믿지 말라 번개가 동편에서 나서 서편까지 번쩍임 같이 인자의 임함도 그러하리라"(마 24:26-27).

이 말씀은 예수님이 재림하실 때 번개가 번쩍일 것이라는 말이 아니다. 번개가 동편에서 서편까지 순식간에 번쩍이는 것처럼 예수님의 재림은 순식간에 이루어질 것이라는 뜻으로 하신 말씀이다. 그래서 "번개가 동편에서 나서 서편까지 번쩍임 같이"라고 하였고, "인자의 임함도 그러하리라"하였다. 재림이 번개 번쩍이는 것처럼 이루어진다는 말씀이다. 번개를 말씀, 사역, 하나님의 진노 등으로 보는 것은 잘못된 해석이다.

B. 동편이 중국이고, 서편이 서방이라는 해석은 맞지 않다.

이 본문에서 동편은 번개가 시작하는 지점을 말하는 것이다. 번개가 동편에서 번쩍이면 서편에도 동시에 번쩍인다는 의미이다.

그래서 공동 번역에는 "동쪽에서 번개가 치면 서쪽까지 번쩍이듯이 사람의 아들도 그렇게 나타날 것이다."라고 번역되어 있다. 같은 내용의 말씀이 누가복음에는 이렇게 기록되어 있다. "번개가 하늘 아래 이쪽에서 번쩍이어 하늘 아래 저쪽까지 비침같이 인자도 자기 날에 그러하리라"(눅 17:24). 번개가 이쪽에서 번쩍이면 동시에 반대편까지 번쩍이는 모습을 말하고 있다. 번개가 순식간에 동편에서 서편까지 번쩍이는 것처럼 예수님의 재림도 순식간이며 반대쪽까지 다 보이게 오실 것이다. 동방번개파의 '동편은 동방인 중국이며 서편은 서방'이라는 해석은 맞지 않다. 만일 동편이 동방인 중국이면 누가복음 17장 24절의 하늘 아래 이쪽은 어디이며 하늘 아래 저쪽은 어디인가?

C. 그리스도가 중국으로 왔다는 말이 맞지 않다.

"그러면 사람들이 너희에게 말하되 보라 그리스도가 광야에 있다 하여도 나가지 말고 보라 골방에 있다 하여도 믿지 말라 번개가 동편에서 나서 서편까지 번쩍임 같이 인자의 임함도 그러하리라"(마25:26-27).

이 본문은 그리스도가 광야나 골방에 있다고 해도 믿지 말아야 하는 이유를 말씀하였다. '그리스도는 번개가 번쩍'임 같이 오시기 때문이라고 하였다. 즉 예수님의 재림은 번개가 번쩍임 같이 순식간에 그리고 동시에 이쪽부터 저쪽까지 다 알게 오시기 때문이라는 것이다. 동반번개파의 그리스도가 중국으로 왔다고 하는 주장은 이 말씀과 맞지 않다. 그리스도는 특정 지역으로만 오시지 않는다. 번개가 번쩍임 같이 오실 것이다.

D. '번개'가 하나님의 말세 사역과 말씀이라는 해석은 맞지 않다.

이 본문에서 번개는 예수님의 재림의 모습을 말하는 것이다. 번개가 순식간에 번쩍임같이 '인자의 임함도 그러하리라.' 재림은 순식간에 전 세계에 동시에 일어나는 일이다. 예수님께서 재림하셔서 하시는 사역을 말하는 것이 아니다. 예수님은 재림하셔서 또다시 말씀을 전하고 사역을 하시지 않는다. 재림 주는 말씀을 전하시려고 오시는 것이 아니다. 초림 때와 같이 말씀을 전하여 영혼을 구원하시는 사역을 재림 때에는 하시지 않는다. 재림은 복음의 사역이 마쳐질 때 오셔서 구원받은 자들은 데려가시고 믿지 않는 자들은 심판하시는 사역이다. 번개가 사역과 말씀이라는 해석은 맞지 않다.

E. 중국에서 사역을 마치고 서방으로 가서 사역을 한다는 말은 맞지 않다.

'번개가 번쩍임 같이'를 중국에서 사역을 마치고 서방으로 간다고 해석하는 것은 맞지 않다. 번개는 한번 번쩍이면 끝난다. 동방 곧 중국에서 한번 번쩍이고 서방으로 가서 번쩍인다면 번개가 두번 번쩍이는 것이다. 이들은 동방에서 번개가 번쩍이어 중국에서 일꾼들을 세운 다음에 서방에 번쩍인다고 말한다.

"동방에서 서방까지 전하는 것인데, 즉 전능하신 하나님께서 먼저 동방

(중국)에서 한 무리 이기는 자들을 온전케 하실 것이고 연후에 이 무리 이기는 자들에 의하여 그분의 복음을 서방까지 확장하여 온 천하의 사람이 모두 하나님의 말세의 구원의 은혜를 받을 수 있도록 하시는 것입니다."(국도복음 간증문답17문)

동방에서 번쩍인 빛을 본 중국인들에 의하여 빛이 서방에 전해진다는 것은 맞지 않다. 그러면 번개를 사람들이 번쩍이게 된다는 말이다. 번개는 동시에 온 천하를 비추고 순식간에 꺼져버린다. 번개는 계속 비치는 것도 아니다. 중국에 비치고 나서 서방까지 가서 비치고 있다면 이미 번개가 아니다.

F. 번개가 진노와 심판이라는 해석이 맞지 않다.

번개가 하나님의 진노이고 번개가 번쩍일 때에 재앙과 재난이 일어나며 무자비한 심판을 받는다고 주장하였다. 동방번개는 92년부터 번쩍이기 시작하였다고 한다.(말씀이 육신으로p. 371) 그런데 동방번개가 칠 때 중국에 재난과 재앙이 임했는가? 어느 나라가 무자비한 심판을 받았다는 것인가? 오히려 양향빈이 심판을 받아 중국에서 쫓겨나 미국으로 피신하게 되었고 그 신도들은 여러 나라에 난민이 되는 재앙을 당하고 있지 않은가? 번개가 진노와 심판이라는 해석도 맞지 않고 그게 설령 맞는 해석이라도 진노와 심판은 양향빈 교주와 동방번개 신도들이 당하고 있다.

G. 양향빈이 우주의 왕권을 잡기까지 번개의 빛이 비친다는 것은 맞지 않다.

양향빈이 왕권을 잡아서 우주를 다스린다고 주장하고 왕권을 잡을 때까지 번개의 빛이 비추고 있다고 주장한다.

> "세계의 동방에서 하나님 자신이 증거되기 시작하면서부터 사역을 행하고 신성으로 온 땅에서 왕권을 잡기까지, 이는 동방번개의 빛줄기로 계속 전 우주를 밝게 비추는 것이다."(말씀이 육신으로 p. 583)

이러한 주장대로라면 번개는 수십 년 동안 꺼지지 않고 비치고 있다는 말이 된다. 양향빈이 왕권을 잡기는커녕 체포령을 받아 미국으로 피신해서 살고 있으니 언제까지나 번개는 꺼지지 않고 비친다는 것이다. 이러한 주장은 엉터리이다. 번개는 순식간에 비치고 꺼지는 것이 특징이다. 성경에도 이러한 번개의 특성을 소개한 것이다. 그래서 "그리스도가 여기 있다 저기 있다 하여도 믿지 말라"(마 24:23)고 하신 것이다. 그리스도는 번개처럼 임하시기 때문이다.

8. 중국 선민 교리

1) 동방번개파의 주장

A. 선민은 이스라엘에서 중국으로 옮겨왔다.

"하나님이 그의 영광을 이스라엘, 즉 그의 선민으로부터 너희에게로 옮겨왔고, 그의 계획에 담긴 근본 취지를 너희들을 통해 모두 드러내고자 하였다. 따라서 너희 모두가 하나님의 유업을 이어받는 사람이며, 더 나아가 하나님의 영광을 받는 사람이다."(말씀이 육신으로 p. 883)

"그의 영광을 이스라엘에서-그의 선민의 몸에서 너희들 몸에 옮겨 그의 계획의 종지를 너희 이 무리 사람들에 의하여 전부 나타내려 한다. 그러므로 너희들은 모두 하나님의 산업을 이어 받는 사람들이고 더욱이 하나님의 영광을 받는 사람들이다."(어린양이 펼친 책 p.240)

"하나님은 자신의 사역을 중국 대륙으로 옮겼다. 그는 또 다른 계획을 세워 너희에게 자신의 다른 한 부분의 사역, 즉 말씀으로 사람을 온전케 하는 사역을 한다."(말씀이 육신으로 p. 1227)

B. 중국을 선민으로 택하였다.

"오늘날, 하나님은 성육신하여 따로 중국에서 다시 선민들을 택해 이들에게 사역하며 땅에서의 자신의 사역을 계속하고 있다."(말씀이 육신으

로 p. 1227)

"오늘 하나님은 말씀이 육신 되어 따로 중국에서 또 얼마간의 선민을 택하였다. 하나님은 이 사람들 몸에 역사하여 그의 땅에서의 사역을 이어서 하고 은혜시대의 사역을 잇는다."(어린양이 펼친 책 p.517)

C. 중국을 가나안으로 만든다.

"나는 동방에 강림하였고 가나안을 동방 백성에게 가져다주었다. 나는 온 땅의 백성을 모두 가나안 땅으로 이끌어 갈 것 이다. 그러므로 나는 여전히 가나안 땅에서 음성을 발하고 말을 하여 전 우주를 통제한다. 이 때, 온 땅은 광명이 없고 가나안을 제외하고는 사람이 모두 기아와 추위의 위협 속에 처해있다."(어린양이 펼친 책 p. 3)

"나는 동방에 강림하였고, 동방의 백성에게 가나안을 가져다주었다. 나는 온 땅의 백성을 가나안 땅으로 인도 할 것이며, 그것을 위해 가나안 땅에서 계속 음성을 발하고 전 우주를 통제할 것이다. 이때 가나안을 제외한 온 땅은 광명이 없고, 사람은 모두 굶주림과 추위에 위협받을 것이다."(말씀이 육신으로 p. 892)

D. 세계인들이 중국으로 몰려 올 것이다.

"내 이름이 각 지역과 각처로 퍼져 나가 모든 사람이 내 거룩한 이름을 알고, 나를 알게 될 것이다. 미국, 일본, 캐나다, 싱가포르, 러시아, 마카오, 홍콩, 각 나라와 각 분야의 사람들이 곧 한꺼번에 중국으로 몰려들어 참

도를 찾을 것이다. 나의 이름은 이미 그들에게 증거되었다. 그러니 너희가 되도록 빨리 자라 그들을 목양하고 이끌기만을 기다릴 뿐이다."(말씀이 육신으로 p. 128)

"내가 지시한 모든 것을 속히 행하여라. 다시 한 번 말하겠는데, 이는 경고이기도 하다. 외국인들이 곧 중국으로 몰려들 것이다. 이는 의심할 여지가 없는 사실이다!"(말씀이 육신으로 p. 155)

"참 도를 찾는 일곱 나라의 사람들은 만사를 제쳐 두고 봇물이 터진 듯 필사적으로 중국으로 몰려들 것이다. 그들 중에는 내가 택한 자도 있고, 나를 위해 힘쓰는 자도 있겠지만 장자는 없다."(말씀이 육신으로 p. 159)

E. 중국에서 계속 사역을 한다.

"세계의 동방에서 하나님 자신이 증거되기 시작해서부터 역사를 시작하기까지, 신성이 온 땅에서 왕권을 잡기 시작하기까지는 동방번개의 빛기둥이 줄곧 전 우주를 밝게 비추는 것이며, 세상의 나라가 그리스도의 나라로 될 때는 전 우주를 밝게 비출 때이다. 현재는 동방번개가 발하는 때이니, 말씀이 육신 된 하나님이 역사를 시작하고 또한 신성에서 직접 말씀한다."(국도복음 간증문답 17문)

"그러므로 나는 여전히 가나안 땅에서 음성을 발하고 말을 하여 전 우주를 통제한다."(어린양이 펼친 책 p. 3)

"나는 영광을 이스라엘에 주었다가 또 이스라엘에서 옮겨갔다. 그리하여 이스라엘 백성을 동방에 데려오고 또한 모든 사람을 동방에 데려와 모두에게 '빛'을 가져다주어 사람으로 하여금 빛과 다시 만나게 하고 빛과 사귀게 하며 더는 찾지 않게 한다."(어린양이 펼친 책 p. 3)

"동방에서 벽력같은 큰 음성이 끊임없이 발하여 각방(各邦) 각파를 진동하였는데 나의 발하는 음성 이 사람을 오늘날까지 이끌어 왔다.---내가 벌써 영광을 온 땅에서 거두어 동방에서 새롭게 발하기 때문이다."(어린양이 펼친 책 p. 3)

"현재에 비록 아직 이루어지지 않았지만, 그가 하려는 이상 꼭 이룰 것이다. 하나님은 중국에서 이 사역을 이루려 한다."(어린양이 펼친 책 p. 389)

"오늘, 사역을 중국에 가져 왔는데, 역시 이 범위일 뿐이다. 이 계단에는 중국 이외에서 전혀 따로 사역을 전개하지 않는다."(어린양이 펼친 책 p. 481)

"하나님의 땅에서의 사역이 끝날 때, 바로 은밀한 사역이 끝날 때, 이 단계 사역이 곧 폭발하게 되는데, 사람들은 모두 중국에 한 무리 이기는 자들이 있음을 알게 되고, 하나님이 중국에서 말씀이 육신 되었고 그의 사역이 이미 끝났음을 알게 된다. 그 때에야 사람은 황연대각하게 된다. 무엇 때문에 중국이 질질 끌면서 쇠퇴 몰락되지 않고 무너지지 않았는지? 알고 보니 하나님이 중국에서 친히 역사하여 한 무리 이기는 자들을 온전케 한 것이었

다."(어린양이 펼친 책 p. 559)

2) 반증

A. 선민이 이스라엘이었다가 중국인으로 바뀌었다는 것은 맞지 않다.

선민은 하나님께서 택하신 아브라함, 이삭, 야곱의 자손들인 이스라엘 백성이었으나 신약시대에 와서 이방인과 이스라엘의 구별이 없어져 누구든지 예수 믿고 구원 받으면 선민이 되게 되었다.

"그러므로 이제부터 너희는 외인도 아니요 나그네도 아니요 오직 성도들과 동일한 시민이요 하나님의 권속이라"(엡2:19).

"그러나 너희는 택하신 족속이요 왕 같은 제사장들이요 거룩한 나라요 그의 소유가 된 백성이니 이는 너희를 어두운 데서 불러내어 그의 기이한 빛에 들어가게 하신 이의 아름다운 덕을 선포하게 하려 하심이라"(벧전2:9).

현재 이스라엘 백성들은 이미 선민이 아니다. 따라서 이러한 이스라엘에서 중국으로 선민의 특권을 옮겨 왔다는 것은 맞지 않는 말이다. 선민의 특권이 옮겨지려면 이스라엘에서가 아니고 그리스도인들에게서 옮겨졌다고 해야 맞다. 따라서 이스라엘에서 중국인으로 선민의 특권이 옮겨졌다는 것은 전제부터 잘못된 엉터리 주장이다.

B. 성경에 예언이 없다.

구약 성경에는 신약의 이방인들이 구원받고 하나님의 백성이 될 것이 많이 예언되었다. "곧 많은 이방 사람들이 가며 이르기를 오라 우리가 여호와의 산에 올라가서 야곱의 하나님의 전에 이르자 그가 그의 도를 가지고 우리에게 가르치실 것이니라 우리가 그의 길로 행하리라 하리니 이는 율법이 시온에서부터 나올 것이요 여호와의 말씀이 예루살렘에서부터 나올 것임이라"(미 4:2). 이러한 예언대로 이방인들이 예수 믿고 구원받아서 성도가 됨으로 영적 이스라엘인 진정한 '선민'이 됐다. 그러나 중국인이 '선민'이 된다는 것은 성경 어느 곳에도 예언된 적이 없다. 예언이 없는 하나님의 역사는 가짜이다. "주 여호와께서는 자기의 비밀을 그 종 선지자들에게 보이지 아니하시고는 결코 행하심이 없으시리라"(암 3:7)

C. 중국을 가나안으로 만들었다는 것은 맞지 않는다.

양향빈은 중국에 그리스도로 강림하여 중국을 가나안으로 만들고 중국에서 말씀을 전하여 우주를 통제한다고 한다.

> "나는 동방에 강림하였고, 동방의 백성에게 가나안을 가져다주었다. 나는 온 땅의 백성을 가나안 땅으로 인도할 것이며, 그것을 위해 가나안 땅에서 계속 음성을 발하고 전 우주를 통제할 것이다."(말씀이 육신으로 p. 892)

중국이 가나안이 되어 재림 주가 중국에서 우주를 통제해야 하는데 미국으로 쫓겨나서 가나안이라고 하는 중국에 있지도 않은 자가 어떻게 가나안(중국)에서 음성을 발하고 우주를 통제할 수 있겠는가? 엉터리 주장이며 그 예언은 빗나간 것이다.

D. 동방번개가 사역한 후 중국만이 광명이 있고 온 땅은 굶주림과 추위에 위협을 받는다는 예언은 빗나갔다.

"이 때 가나안(중국)을 제외한 온 땅은 광명이 없고, 사람은 모두 굶주림과 추위에 위협받을 것이다."(말씀이 육신으로 p. 892)

지금은 동방번개파가 중국에서 사역을 시작한 지가 오랜 세월이 흘렀다. 그러나 중국만이 재앙이 없고 다른 나라들은 굶주림과 추위에 위협받고 있지 않다. 오히려 중국에서 코로나가 발생하여 세계를 위협하고 있는 상황이다.

E. 양향빈이 왕권을 잡기까지 중국에서 사역을 한다는 예언은 빗나갔다.

재림 주요 그리스도라는 양향빈은 중국에서 사역을 완성한다고 한다.

"현재에 비록 아직 이루어지지 않았지만, 그가 하려는 이상 꼭 이룰 것이다. 하나님은 중국에서 이 사역을 이루려 한다."(어린양이 펼친 책 p. 389)

이 사역의 완성이란 양향빈이 왕권을 잡는 것이다.

"세계의 동방에서 하나님 자신이 증거되기 시작하면서부터 사역을 행하고 신성으로 온 땅에서 왕권을 잡기까지, 이는 동방번개의 빛줄기로 계속 전 우주를 밝게 비추는 것이다."(말씀이 육신으로 p. 583)

그러나 양향빈이 2000년에 중국에서 미국으로 쫓겨남으로 이 예언은 빗나가고 말았다. 아직 왕권을 잡지 못했고 사역을 완성하지 못했는데 중국에서 쫓겨났다. 중국에서 사역을 이룬다는 이 예언은 성취되지 않았다. 빗나가는 예언은 양향빈이 거짓 선지자인 증거이다.

9. 삼시대론

1) 동방번개파의 주장

A. 하나님의 역사는 세 시대가 있다.

"하나님은 6천 년 경영 계획의 비밀을 풀어 사람으로 하여금 인류를 구원하는 하나님의 사역을 모두 세 시대, 즉 율법시대와 은혜시대와 국도시대로 나누었다는 것을 알게 하셨습니다."(국도복음 설교특집 p. 344)

B. 하나님의 역사는 시대별로 이루어진다.

"하나님 역사는 시대별로 나누는 것이고 사람에 대한 하나님의 요구도 시대별로 나누는 것이니, 시대가 바뀔 때 우리가 하나님의 새로운 역사를 따르고 하나님의 새로운 요구대로 행해야만 계속 하나님의 약속과 축복 속

에서 살 수 있습니다."(국도복음 간증문답 질문64)

C. 오늘은 은혜시대가 끝나고 국도시대가 왔다.

"오늘, 하나님께서는 말세 사람의 현실 필요에 따라 예수님 사역의 기초에서 또 한 단계 새로운 사역 즉 국도시대의 사역을 하셨습니다. 말세 그리스도 전능하신 하나님께서는 그분의 입으로 발표하신 말씀으로써 사람을 심판하고 사람을 정복하고 사람을 온전케 하여 죄의 매임에서 벗어나게 하고 사람의 원래 있던 거룩함을 회복시켜 사람을 아름다운 귀숙(歸宿)으로 이끌어 들어가십니다."(국도복음 간증문답 질문65)

"하나님은 온 땅에서 왕 노릇 하실 것이며 세상의 나라는 우리 주와 그리스도의 나라로 될 것입니다. 그러므로 마지막 시대를 국도시대라고 합니다."(국도복음 설교특집 p. 39)

D. 양향빈의 역사는 세 번째 시대의 역사이다.

"이번 도성육신(道成肉身)은 예수의 역사를 이은 후의 하나님의 두 번째 도성육신이다. 물론, 이번에 말씀이 육신된 것도 독립일체가 아니라, 율법시대·은혜시대를 이은 후의 제3단계 역사이다."(국도복음 간증문답 질문65)

E. 세 번째 시대의 사역은 성화되어 영생을 얻게 하는 사역이다.

"은혜시대에 예수님이 하신 것을 구속의 사역, 즉 사람의 죄를 사하는 사역이지, 사람을 정결케 하고 온전케 하는 사역이 아니기 때문이었습니다.

비록 주님의 보혈로 우리를 구속해 왔고 우리가 믿음으로 말미암아 의롭다고 칭함을 받았지만, 우리들의 죄 성과 사탄의 독소는 여전히 우리의 육체 속에 깊이 뿌리박혀 있습니다. 그러므로 우리가 아무리 노력해도 거룩해질 수가 없었습니다. 형제자매님 오늘 우리가 패괴 성정에서 벗어나 거룩한 자의 형상을 살아내려면 우리 자신에 의해서는 달할 수 없습니다. 반드시 하나님의 말세 역사를 받아들여야 합니다."(국도복음 설교 특집 p. 52-53)

"말세의 그리스도만이 사람에게 영생의 도를 줄 수 있다."(말씀이 육신으로 p. 1865)

F. 새 시대의 사역은 완전성화를 이루는 일이다.

"오늘은 우리가 또 시대가 전이 되는 때에 처해 있습니다. 전능하신 하나님은 이미 마지막 시대의 사역을 시작하셨습니다. 그분은 책을 펼치셨고, 일곱인을 떼셨으며, 역대 이래 사람들이 깨닫지 못했던 비밀을 전부 사람들에게 풀어 주셨습니다. 또한 그분이 발표하신 진리에 의해 사람을 심판하고 드러내어 사람의 패괴 성정을 철저히 정결케 하심으로써 하나님의 전체 경영 계획을 끝마치십니다."(국도복음 설교특집 p. 143)

"율법시대의 사역은 사람으로 하여금 죄를 깨닫게 하였고 은혜시대의 사역은 사람의 죄가 사함 받게 하였습니다. 그러나 사람이 아직 거룩함에 달하지 못하였다면 하나님의 경영 사역은 정지하지 않을 것입니다. 그러므로 사람의 죄가 사함 받은 후 말세에 하나님께서 또 사람을 철저히 정결케 하는 사역을 하기 시작하셨는데, 친히 말씀이 육신 되어 사람들 가운데 오셔서 진리를 발표하여 사람을 심판하고 사람을 정결케 하고 사람 안의 패역과 불의를 제거하고 사람을 철저히 정복하고 온전케 하여 사람으로 하여금 완전히 거룩히 되어 영생에 들어갈 수 있게 하십니다."(국도복음 간증문답 질문 71)

G. 새 시대의 새 역사를 따라야 구원받을 수 있다.

"오늘날 우리도 마찬가지로 시대가 바뀌는 관건적 시기에 처해 있습니다. 주님께서 이미 육신으로 돌아오셔서 새로운 사역을 하셨는데, 사람이 만일 예수님의 이름만 믿고 예수님의 역사와 말씀만 지키면서 육신으로 돌아오신 주님(즉 전능하신 하나님)을 믿지 않고 하나님의 말세의 새 역사를 따르지 않는다면, 영생의 약속을 잃게 될 뿐만 아니라 하나님께 정죄 받을 것입니다."(국도복음 간증문답 질문64)

2) 반증

A. 성경에 세 번째 시대의 예언이 없다.

구약 성경에서는 신약 시대에 대한 예언이 많이 있다.

"여호와의 말씀이니라 보라 날이 이르리니 내가 이스라엘 집과 유다 집에 새 언약을 맺으리라 이 언약은 내가 그들의 조상들의 손을 잡고 애굽 땅에서 인도하여 내던 날에 맺은 것과 같지 아니할 것은 내가 그들의 남편이 되었어도 그들이 내 언약을 깨뜨렸음이라 여호와의 말씀이니라"(렘 31:31-32).

구약에서 새로운 시대, 신약에 대해서는 구체적이면서 자세히 예언하고 있다. 신약의 사역이 죄 사함의 사역이며 성령의 역사가 있을 것을 예언하고 있다.

"그러나 그 날 후에 내가 이스라엘 집과 맺을 언약은 이러하니 곧 내가 나의 법을 그들의 속에 두며 그들의 마음에 기록하여 나는 그들의 하나님이 되고 그들은 내 백성이 될 것이라 여호와의 말씀이니라 그들이 다시는 각기 이웃과 형제를 가리켜 이르기를 너는 여호와를 알라 하지 아니하리니 이는 작은 자로부터 큰 자까지 다 나를 알기 때문이라 내가 그들의 악행을 사하고 다시는 그 죄를 기억하지 아니하리라 여호와의 말씀이라"(렘 31:33-34).

이 본문이 신약에 대한 예언이라고 히브리서에서 확인하고 있다.

"또 주께서 이르시되 그 날 후에 내가 이스라엘 집과 맺을 언약은 이것이니 내 법을 그들의 생각에 두고 그들의 마음에 이것을 기록하리라 나는 그들에게 하나님이 되고 그들은 내게 백성이 되리라 또 각각 자기 나라 사람과 각각 자기 형제를 가르쳐 이르기를 주를 알라 하지 아니할 것은 그들이 작은 자로부터 큰 자까지 다 나를 앎이라 내가 그들의 불의를 긍휼히 여기고 그들의 죄를 다시 기억하지 아니하리라 하셨느니라 새 언약이라 말씀하셨으매 첫 것은 낡아지게 하신 것이니 낡아지고 쇠하는 것은 없어져 가는 것이니라"(히 8:10-13).

그래서 구약을 첫 언약이라고 하고 신약을 '둘째 것'이라고 하였다. 신약은 두 번째 언약이며 새로운 언약이 되는 것이다.

"저 첫 언약이 무흠하였더라면 둘째 것을 요구할 일이 없었으려니와 그들의 잘못을 지적하여 말씀하시되 주께서 이르시되 볼지어다. 날이 이르리니 내가 이스라엘 집과 유다 집과 더불어 새 언약을 맺으리라"(히 8:7-8).

그러나 세 번째 언약은 성경 어느 곳에도 언급되지 않았고 세 번째 언약에 대한 예언도 없다. 세 번째 언약, 말씀, 세 번째 사역이 구원에 관계된 중요한 것이라면 성경에 전혀 예언이 없이 이루어질 수가 없다. 성경에 예언이 없는 세 번째 역사라는 동방번개파의 주장은 맞지 않은 것이다.

B. 신약 성경은 세 번째 역사를 인정하지 않는다.

구약은 새로운 언약, 새로운 복음을 예언하고 있지만 신약에서는 그 다음이 없다고 말한다.

" 다른 복음은 없나니 다만 어떤 사람들이 너희를 교란하여 그리스도의 복음을 변하게 하려 함이라 그러나 우리나 혹은 하늘로부터 온 천사라도 우리가 너희에게 전한 복음 외에 다른 복음을 전하면 저주를 받을지어다. 우리가 전에 말하였거니와 내가 지금 다시 말하노니 만일 누구든지 너희가 받은 것 외에 다른 복음을 전하면 저주를 받을지어다"(갈 1:7-9)

'우리가 너희에게 전한 복음' 외에 다른 복음은 없다고 한다. 이 본문에서 우리는 성경을 기록한 사도들을 가리킨다. 즉 사도들이 전한 복음 외에는 '다른 복음'에 속한다. 성경은 다른 복음은 없다고 말한다. 성경 외에 다른 복음은 인정하지 않는 것이다. 성경 이후에 다른 복음은 없다는 것이다. 세 번째 시대도 없고 세 번째 말씀도 없다. 동방번개파를 포함한 모든 것들은 다른 복음 이단에 속하는 것이다. 사도들이 전한 복음이 참 복음이며 바른 복음이다.

C. 세 번째 사역이 사람을 성화시켜 영생을 얻게 한다는 말은 맞지 않다.

이들은 예수님은 구속의 사역만 했고 세 번째 사역인 양향빈이 사람을 성화시켜 영생을 준다고 한다.

"예수님이 하신 것을 구속의 사역, 즉 사람의 죄를 사하는 사역이지, 사람을 정결케 하고 온전케 하는 사역이 아니기 때문이었습니다. 비록 주님의 보혈로 우리를 구속해 왔고 우리가 믿음으로 말미암아 의롭다고 칭함을 받았지만, 우리들의 죄성과 사탄의 독소는 여전히 우리의 육체 속에 깊이 뿌리박혀 있습니다. 그러므로 우리가 아무리 노력해도 거룩해질 수가 없었습니다."(국도복음 설교특집 p. 52),

"말세에 하나님께서 또 사람을 철저히 정결케 하는 사역을 하기 시작하셨는데, 친히 말씀이 육신 되어 사람들 가운데 오셔서 진리를 발표하여 사람을 심판하고 사람을 정결케 하고 사람 안의 패역과 불의를 제거하고 사람을 철저히 정복하고 온전케 하여 사람으로 하여금 완전히 거룩히 되어 영생에 들어갈 수 있게 하십니다."(국도복음 간증문답 질문 71)

예수님은 은혜시대에 구속만 했지 성화 즉 정결케 하는 사역을 하지 못했다고 한다. 그러나 세 번째 시대에 양향빈이 와서 정결케 하고 거룩하게 해서 영생을 얻게 했다는 주장이다. 그렇다면 예수 믿는 사람들은 정결하고 거룩하게 되지 못했기 때문에 영생 얻은 사람이 없어야 한다. 그러나 양향빈이 오기 전에 예수만 믿고도 영생 얻은 사람들이 있다.

"내가 진실로 진실로 너희에게 이르노니 내 말을 듣고 또 나 보내신 이를 믿는 자는 영생을 얻었고 심판에 이르지 아니하나니 사망에서 생명으로 옮겼느니라"(요 5:24)

예수님을 믿는 자는 영생을 얻었다고 하였다. 예수님은 구속의 사역이고 양향빈은 은혜의 사역이라는 말이 맞지 않다. 사도 요한은 당시의 성도들에게 "내가 하나님의 아들의 이름을 믿는 너희에게 이것을 쓰는 것은 너희로 하여금 너희에게 영생이 있음을 알게 하려 함이라"(요일 5:13)라고 하였다. 세 번째 사역이라는 양향빈이 오기 전에 모든 그리스도인들은 정결케 되어 영생을 가지고 있다고 하였다. 정결케 되고 거룩하게 되는 것도 세 번째 시대 양향빈 필요 없이 예수를 믿음으로 이루어진다.

"이 뜻을 따라 예수 그리스도의 몸을 단번에 드리심으로 말미암아 우리가 거룩함을 얻었노라"(히10:10)

10. 전능하신 하나님 교리

1) 동방번개파의 주장

A. 양향빈이 전능하신 하나님이다.

"전능하신 하나님이 바로 예수님의 재림이고, 그분이 바로 계시록에 예언한, 책을 펼치는 어린양이시며, 그분이 바로 우리가 오랫동안 간절히 바라던 그분이십니다. 그분은 이미 일곱 인을 떼시고 책을 펼치셨으며, 역대 이래 사람들이 깨닫지 못했던 비밀을 하나하나 사람들에게 풀어 주셨습니다."(국도복음 설교특집 p. 11-12)

"우리는 성령의 증거와 전능하신 하나님이 하신 사역을 통하여 전능하신 하나님이 바로 말세의 그리스도이시고 예수님의 재림이시며, 하나님이 일찍 육신으로 돌아오셔서 말세의 심판 정결의 사역을 시작하셨음을 알 수 있습니다. 이런 사실에 직면하여 우리가 아직도 주님이 오시지 않았다고 말할 수 있겠습니까?"(국도복음 설교특집 p. 67)

"전능하신 하나님! 우주의 머리, 말세의 그리스도, 그는 빛나는 태양이요, 온 우주의 위엄 넘치는 광활한 시온 산에 솟아올랐도다⋯"(말씀이 육신

으로 p. 11)

B. 말세의 전능하신 하나님(양향빈)은 사람을 성화시킨다.

"말세에 전능하신 하나님은 아주 실제적인 역사와 말씀에 의하여 말씀의 형벌과 심판에 의하여 사람의 패역을 벗겨버리고 사람의 죄성을 없애 버려 철저히 사탄의 권세에서 벗어나 거룩하게 하시는데, 이는 하나님 역사의 실제적인 면입니다."(국도복음 설교특집 p. 55)

"그분의 입에서 나오는 말씀으로 사람을 양육하고 목양하고 변화시켜 사람으로 하여금 패역을 벗어버리고 죄성을 제거하고 거룩하게 하십니다."(국도복음 설교특집 p. 55)

C. 말세의 전능하신 하나님(양향빈)은 사람을 부활시킨다.

"전능하신 하나님은 말씀에 의하여 사탄에게 몇 천 년 동안이나 패괴된 인류를 시초의 거룩한 인류로 변화시켜 썩을 몸이 썩지 않을 것으로, 죽을 몸이 죽지 않을 것으로 되게 하시는데, 사탄으로 하여금 간섭하지 못하게 하고 철저히 탄복하게 하십니다. 이는 바로 하나님의 전능이 아니겠습니까?"(국도복음 설교특집 p. 55)

D. 말세의 전능하신 하나님(양향빈)은 6천 년의 비밀을 공개하였다.

"전능하신 하나님은 말세에 책을 펼치시고, 일곱인을 떼시고, 봉한 일곱 우레의 음성을 열어 놓으셨으며, 모든 진리와 6 천년 동안 숨기신 비밀을 사람에게 공개하셨고, 사람의 은밀한 속사정까지 다 드러내셨으며"(국도

복음 설교특집 p. 90)

E. 전능하신 하나님(양향빈)은 우주의 왕권을 잡고 있다.

"만유의 머리이신 전능하신 하나님이 보좌 위에서 왕권을 잡고 우주와 만유를 주관하며 온 땅에서 우리를 인도하고 있다."(말씀이 육신으로 p. 18)

"전능하신 하나님은 우주 생명의 왕이다! 이미 영광의 보좌에 앉아 세계를 심판하고 만유를 주재하며 만국을 다스리고 있다. 만백성이 다 그에게 무릎 꿇고 있고, 그에게 기도하고 있으며, 그와 가까이하고 왕래하고 있다."(말씀이 육신으로 p. 21-22)

"전능하신 하나님! 영광의 몸이 공개적으로 나타났고, 거룩한 영체가 나타났다. 그는 완전한 하나님 자신이다! 세상과 육체가 모두 변모하고, 산에 올라 변형된 모습은 하나님의 본체라. 그는 머리에 금 면류관을 쓰고, 깨끗하고 빛난 옷을 입었으며, 가슴에는 금띠를 두르고, 세상과 만유는 그의 발등상이라. 그의 눈은 불꽃같고, 그의 입에서 좌우에 날 선 검이 나오고, 오른손에 일곱별이 있도다. 하나님 나라의 길은 밝고 무한하며, 영광의 빛이 발하는 도다. 산과 강이 기뻐하며, 일월성신이 질서 정연하게 줄을 맞춰 돌며 6천년 경륜을 마치고 개선한 유일무이한 참 하나님을 맞이하고 있다! 모두 환호하며 춤추고 있다! 환호하라! 전능하신 하나님이 영광의 보좌에 앉았도다!"(말씀이 육신으로 p. 43)

F. 전능하신 하나님(양향빈)은 능치 못할 일이 없다.

"전능하신 하나님은 능치 못하심이 없고, 이루지 못할 일이 없는 완전한 참 하나님이시라! 그는 일곱별과 일곱 영, 일곱 눈을 갖고 있으며, 일곱 인을 떼고 책을 펼친다. 나아가 그는 일곱 재앙과 일곱 대접을 주관하고, 일곱 우레를 떼며, 일찍이 일곱 나팔을 울렸도다!"(말씀이 육신으로 p. 71)

G. 전능하신 하나님(양향빈)은 창조주이다.

"나는 우주 세계와 산천 만물을 창조했고 우주 땅 끝까지 창조했으며, 나의 아들들과 백성들을 이끌고 만사 만물을 지휘한다. 이제 나는 장자들을 데리고 나의 시온산, 나의 거처로 돌아가려 한다."(말씀이 육신으로 p. 300)

"오늘부터 모든 사람이 만물의 창조자인 나를 알아 가기 시작할 것이다. 인간 세상에 와 사람에게 버림받고 비방을 당하나 모든 것을 지배하고 계획하는 유일한 참 하나님, 하나님 나라를 주관하는 왕, 온 우주를 다스리는 하나님 자신, 사람의 생사를 좌우하고 음부의 열쇠를 관리하는 하나님을 말이다." (말씀이 육신으로 p. 143)

"나는 처음에 만물을 창조한 자이자 마지막에 사역을 완성하는 자이며, 영원토록 존재하며 왕권을 잡을 자이다. 또한 이 기간에 나는 온 우주를 이끌고 지휘하는 자이며, 누구도 나의 권병을 빼앗아가지 못한다. 나는 유일한 하나님 자신이기 때문이다."(말씀이 육신으로 p. 257)

H. 전능하신 하나님은 심판하고 징벌하는 하나님이다.

"나는 권병과 진노, 심판, 나아가 철장을 지니고 만국 만민을 다스릴 것이다. 또한, 나를 위해 만민 가운데서, 온 우주에서 천지가 진동할 만한 증거를 할 것이며, 만민과 산과 강과 호수와 땅끝의 만물이 다 나를 향해 찬미하고 영광을 돌리게 할 것이다. 이뿐만 아니라 천지 만물을 창조했으며, 모든 것을 인도하고, 관리하고, 심판 하고, 온전케 하고, 징벌하고, 멸하는 유일한 하나님 자신인 나에 대해 알게 할 것이다. 이것이야말로 내 본체가 현현한 것이다."(말씀이 육신으로 p. 239)

"나는 만물 창조, 세상 파멸 그리고 장자들을 만드는 것 모두 말 한마디로 이룬다. 나의 말은 그 자체가 권병이고 심판이기 때문이다. 다시 말해, 나, 이 사람이 바로 심판이고 위엄이라는 것이다."(말씀이 육신으로 p. 253)

2) 반증

A. 양향빈이 전능하신 하나님이라고 하면서 사람을 살리는 능력이 없다고 한다.

"나의 전체 경영의 마지막 단계가 마무리되었으므로 나는 두 번 다시 인류를 창조하지 않을 것이고, 사람을 상대하는 일도 없을 것이다. 모든 사람이 내 입에서 나온 말을 보고 실망했다. 아무도 죽음을 원하지 않기 때문이다. 그 누가 '살려고' 왔으나 '죽지' 않은 적이 있더냐? 내가 사람에게 사람을 '살릴' 수 있는 '방법'이 없다고 말하자 사람은 큰 소리로 통곡했다. 확실히 내가 창조주이기는 하나 나는 사람을 죽게 하는 '권력'만 있을 뿐

사람을 살리는 '능력'은 없다."(말씀이 육신으로 p. 484)

B. 무능한 양향빈이 어떻게 전능하신 하나님인가?

"사람은 진짜 하나님이라면 분명 인류의 언어에 능통할 것이라고 상상한다. 그 이유가 하나님은 창조주이기 때문이라는 것이다. 하지만 현실은 오히려 그 반대다. 나는 인류의 언어에 능통하지도 않고, 심지어 때로는 사람의 '결핍한 것'을 '공급'하지도 못한다. 이 때문에 나도 '죄책감'이 약간 든다. 나는 사람의 '요구'에 따라 일하는 것이 아니라 사람의 '부족함'에 따라 그 부족한 재료를 넣어 주며 일하기 때문이다."(말씀이 육신으로 p. 452)

C. 중국 정부가 무서워 도망간 양향빈이 전능하신 하나님인가?

"중국의 종교 관련 부처는 1995년 전능신 하나님의 교회를 사교(邪敎)로, 조유산을 사교 전능신의 창시자, 조직자, 관리자로 규정했다. 조유산과 양향빈은 2000년 미국으로 도피했고, 추종 신도들에게 전 세계로 나가 포교할 것을 명하였다."(크리스천투데이 2018년 8월 13일자 기사)

D. 양향빈이 부활시킨 사람은 없다.

양향빈은 자신이 부활시키는 사역을 한다고 주장한다.

"전능하신 하나님은 말씀에 의하여 사탄에게 몇천 년 동안이나 패괴된 인류를 시초의 거룩한 인류로 변화시켜 썩을 몸이 썩지 않을 것으로, 죽을 몸이 죽지 않을 것으로 되게 하시는데, 사탄으로 하여금 간섭하지 못하게 하고 철저히 탄복하게 하십니다. 이는 바로 하나님의 전능이 아니겠습니

까?"(국도복음 설교특집 p. 55)

그러나 양향빈이 부활시킨 사람은 없다. 썩을 몸을 썩지 않는 몸으로 변화시킨 사람은 없다. 양향빈이 부활시킨 사람이 없다면 양향빈은 전능하신 하나님이 될 수 없다.

11. 성화 교리

1) 동방번개파의 주장

A. 하나님의 영체인 양향빈은 거룩하다.

"나에게는 흠이 없으며, 모든 것이 공개되었으며, 또한 모든 것이 자유롭다(내가 지혜롭게 일하고, 자유롭게 말하기 때문임). 내가 행하는 일 중 떳떳하지 못한 일은 단 하나도 없다. 모두 빛 속에서 행하므로 사람들은 다 진심으로 복종하고 누구도 책잡지 못한다. 이것이 바로 거룩한 영체에서 '거룩함'이라는 단어가 지닌 의미이다"(말씀이 육신으로 p. 217)

"모두 빛 속에서 행하므로 사람들은 다 진심으로 복종하고 누구도 책잡지 못한다. 이것이 바로 거룩한 영체에서 '거룩함'이라는 단어가 지닌 의미이다. 그러므로 나는 떳떳하지 못한 일을 저지른 자들은 단 한 명도 원치 않는다고 재차 강조한다. 이는 내 행정의 한 조목이자, 내 성품의 일부이다."(말씀이 육신으로 p. 217)

"이것은 감정적으로 하는 일이 아니다. 나는 공의로운 하나님 자신이고, 거룩한 하나님 자신이며, 위엄 있고 거스를 수 없는 하나님 자신이기 때문이다!"(말씀이 육신으로 p. 268)

"나는 계속 교회를 정결케 하고 내가 원하는 사람을 깨끗게 할 것이다. 나는 온전히 거룩하고 흠 없는 하나님 자신이기 때문이다. 나는 내 전을, 그 겉모습뿐만 아니라 속을 더 오색찬란하게, 티끌 하나 없게 할 것이다."(말씀이 육신으로 p. 373)

B. 예수님은 속죄사역만 했고 정결케 하지 못했다.

"은혜시대에 예수님이 하신 것은 구속의 사역, 즉 사람의 죄를 사하는 사역이지, 사람을 정결케 하고 온케 하는 사역이 아니기 때문이었습니다. 비록 주님의 보혈로 우리를 구속해 왔고 우리가 믿음으로 말미암아 의롭다고 칭함을 받았지만, 우리들의 죄 성과 사탄의 독소는 여전히 우리의 육체 속에 깊이 뿌리박혀 있습니다."(국도복음 설교 특집 p. 52-53)

"예수님의 그 단계 사역은 인류를 구속하는 사역만 완성하였을 뿐 사람의 패괴 성정을 철저히 벗겨버리지는 않았음을 알 수 있습니다. 더러움과 패괴가 아직도 사람 안에 있어 거룩함에 달하지 못했습니다."(국도복음 설교 특집 p. 165)

"말세에 구속된 사람에게 필요한 것은 철저히 정결함을 받는 것인데 하나님의 두 번째 도성육신이 없다면 우리는 범죄하고 죄를 자백하는 상태에서 살고 있을 뿐 영원히 거룩함에 달할 수 없고 하나님의 나라에 들어갈 수 없습니다.(국도복음 설교 특집 p. 100)

"우리는 사람이 죄 성을 완전히 벗어버리려면 예수님의 은혜와 십자가의 구속만 의지해서는 효과에 달할 수 없으며 반드시 말세의 하나님 말씀의 심판 형벌의 사역을 경력해야만 철저히 정결케 되고 하나님의 완전히 갖추어진 구원을 받을 수 있다는 것을 알 수 있습니다."(국도복음 설교 특집 p. 151)

C. 양향빈의 말세의 사역은 성화시키는 사역이다.

"은혜 시대에 예수님이 하신 것은 구속의 사역, 즉 사람의 죄를 사하는 사역이지, 사람을 정결케 하고 온전케 하는 사역이 아니기 때문이었습니다. 비록 주님의 보혈로 우리를 구속해 왔고 우리가 믿음으로 말미암아 의롭다고 칭함을 받았지만, 우리들의 죄 성과 사탄의 독소는 여전히 우리의 육체 속에 깊이 뿌리박혀 있습니다. 그러므로 우리가 아무리 노력해도 거룩해질 수가 없었습니다. 형제자매님 오늘 우리가 패괴 성정에서 벗어나 거룩한 자의 형상을 살아내려면 우리 자신에 의해서는 달할 수 없습니다. 반드시 하나님의 말세 역사를 받아들여야 합니다."(국도복음 설교 특집 p. 52-53)

"하나님은 말세에 또 한 단계 말씀으로 심판하고 정결케 하는 사역을 하셨는데, 하나님이 발표하신 진리에 의해 사람의 죄 성을 제거하여 철저히 정결함을 받게 함으로써 인류를 구원하는 전체 사역을 끝 마치 십니

다. 이것이 바로 하나님이 말세에 이루시려는 사역입니다."(국도복음 설교 특집 p. 85)

D. 양향빈의 성화(정결케 하는) 사역을 통해서 구원 받는다.

"사람의 죄 성을 제거하여 철저히 정결함을 받게 함으로써 인류를 구원하는 전체 사역을 끝마치십니다."(국도복음 설교 특집 p. 85)

"우리는 사람이 죄 성을 완전히 벗어버리려면 예수님의 은혜와 십자가의 구속만 의지해서는 효과에 달할 수 없으며 반드시 말세의 하나님 말씀의 심판 형벌의 사역을 경력해야만 철저히 정결케 되고 하나님의 완전히 갖추어진 구원을 받을 수 있다는 것을 알 수 있습니다."(국도복음 설교 특집 p. 151)

"만약 우리가 하나님의 말세의 정결 사역을 거부한다면 영원히 거룩함에 달할 수 없고, 하나님의 완전한 구원을 받을 수 없으며 하나님께 철저히 구원받는 데도 도달할 수 없습니다."(국도복음 설교 특집 p. 152-153)

"하나님이 말세에 하시는 정결 사역을 받아들여야만 패괴 성정을 벗어버리고 거룩해질 수 있다는 것입니다. 이래야만 우리가 은혜를 받고 깨끗한 세마포 옷을 입을 수 있습니다. 이것이 바로 하나님께서 우리에게 예비해 주신 말세의 구원입니다. 형제자매님, 만약 우리가 하나님의 말세의 정결 사역을 거부한다면 영원히 거룩해질 수 없습니다. 그러면 우리가 어찌 참으로 구원을 얻었다고 할 수 있겠습니까?"(국도복음 설교 특집 p. 164)

E. 양향빈의 정결케 하는 사역은 '말세의 구원'이라고 예언되었다.

"하나님의 말세의 정결 사역, 즉 하나님의 말세 구원에 관하여, 성경에 일찍 예언되어 있습니다. 우리 함께 경문 몇 곳을 봐도 무방합니다. 먼저 베드로전서 1 장 5 절을 펼쳐 봅시다. '너희는 말세에 나타내기로 예비하신 구원을 얻기 위하여 믿음으로 말미암아 하나님의 능력으로 보호하심을 받았느니라' 또 고린도후서 1 장 10 절 봅시다. '그가 이같이 큰 사망에서 우리를 건지셨고 또 건지실 것이며 이 후에도 건지시기를 그에게 바라노라' 마지막으로 히브리서 9 장 28 절 봅시다. '이와 같이 그리스도도 많은 사람의 죄를 담당하시려고 단번에 드리신바 되셨고 구원에 이르게 하기 위하여 죄와 상관없이 자기를 바라는 자들에게 두 번째 나타나시리라' 형제자매님, 이상의 세 곳 경문에서 각각 '말세에 나타내기로 예비하신 구원, 이후에도 건지시리라', '죄와 상관없이 자기를 바라는 자들에게 두 번째 나타나시리라'고 언급하였습니다. 이런 말씀은 하나님이 말세에 이루시려는 사역, 즉 마지막 한 단계 정결 사역을 예언한 것입니다."(국도복음 설교 특집 p. 152)

2) 반증

A. 교주 양향빈은 거룩하지 못하다.

말세의 사역을 위한 양향빈은 사람들을 정결케 하는 사역을 하기 때문에 자신이 거룩하다고 스스로 주장하고 있다.

"나에게는 흠이 없으며, 모든 것이 공개되었으며, 또한 모든 것이 자유롭다(내가 지혜롭게 일하고, 자유롭게 말하기 때문임). 내가 행하는 일 중 떳떳하지 못한 일은 단 하나도 없다. 모두 빛 속에서 행하므로 사람들은 다 진심으로 복종하고 누구도 책잡지 못한다. 이것이 바로 거룩한 영체에서 '거룩함'이라는 단어가 지닌 의미이다"(말씀이 육신으로 p. 217)

자신은 흠이 없고 떳떳지 못한 일이 하나도 없다고 했는데 거짓말이다. 양향빈은 아내와 자녀까지 있는 유부남 조유산과 불륜 관계를 맺어 아들(조명)까지 낳았다. 성경에서 죄로 규정한 간음 행위가 떳떳한 행위일 수 없다. 정결하지 못한 양향빈이 다른 사람을 정결하게 하는 사역을 한다는 것은 어불성설이다.

B. 예수님의 사역이 정결케 하는 사역이다.

동방번개파에 따르면 예수님은 속죄의 사역만 하고 정결케 하는 사역을 하지 못했다고 한다. 이 또한 맞지 않는 말이다. 예수님의 사역이 정결케 하고 거룩하게 하시는 사역이다. "이는 하나님의 영광의 광채시요 그 본체의 형상이시라 그의 능력의 말씀으로 만물을 붙드시며 죄를 정결하게 하는 일을 하시고 높은 곳에 계신 지극히 크신 이의 우편에 앉으셨느니라"(히 1:3). 예수님은 정결케 하실 뿐 아니라 거룩하게 하신다. "그러므로 예수도 자기 피로써 백성을 거룩하게 하려고 성문 밖에서 고난을 받으셨느니라"(히 13:12). 예수님의 사역이 정결, 거룩하게 하는 사역이 아니고 양향빈이 와서 정결케 하는 사역을 한다는 말은 맞지 않다.

C. 그리스도의 피만이 사람을 정결케 하고 거룩하게 한다.

"염소와 황소의 피와 및 암송아지의 재를 부정한 자에게 뿌려 그 육체를 정결하게 하여 거룩하게 하거든 하물며 영원하신 성령으로 말미암아 흠 없는 자기를 하나님께 드린 그리스도의 피가 어찌 너희 양심을 죽은 행실에서 깨끗하게 하고 살아 계신 하나님을 섬기게 하지 못하겠느냐"(히 9:13-14). 양심을 죽은 행실에서 깨끗게 하는 것은 그리스도의 피로써만이 가능한 것이다. 동방번개파가 말씀과 기도로 거룩하게 한다고 하는데(딤전 4:5) 이 말씀도 바로 그리스도의 피에 대한 복음의 말씀을 뜻하는 것이다.

D. 양향빈의 사역으로 정결케 되어야 영생을 얻는다면 양향빈이 나오기 전의 사람들은 아무도 정결케 되지 못해 영생을 얻지 못했는가?

이들은 예수님의 구속으로는 완전한 구원을 받을 수 없고 양향빈의 정결케 하는 사역을 통해서만 정결함을 받고 완전한 구원을 받을 수 있다고 한다.

"말세에 구속된 사람에게 필요한 것은 철저히 정결함을 받는 것인데 하나님의 두 번째 도성육신이 없다면 우리는 범죄하고 죄를 자백하는 상태에서 살고 있을 뿐 영원히 거룩함에 달 할 수 없고 하나님의 나라에 들어갈 수 없습니다."(국도복음 설교특집 p. 100)

이와 같다면 양향빈이 나오기 전의 모든 그리스도인들은 아무도 천국에 갈 수 없다는 말이 된다. 예수님의 구속을 불완전한 것으로 만들고 그동안의 성도들이 구원받지 못했다는 주장은 맞지 않다.

E. 양향빈의 신도들도 정결케 하지 못하였다.

"오늘날 하나님 나라시대(역주: 왕국시대)에 들어섰다 고는 하지만 본성
은 아직도 고쳐지지 않았다. 여전히 내 앞에서는 내가 하라 는 것을 하지
만, 내 뒤에서는 자신만의 독특한 '사업'을 하기 시작했다. 그러고도 내 앞
에 왔을 때는 또 다른 사람 같았는데, 거리낌도 두려움도 없는 듯 낯빛 하
나 변하지 않고 천연덕스러웠다. 이것이 바로 사람의 추태가 아니냐?"(말
씀이 육신으로 p. 382)

F. 완전 성화(정결)는 부활 때에 이루어진다.

완전 성화, 정결케 되는 일, 인간의 죄의 속성이 완전히 사라지는
것은 현세에서 불가능하다. 완전 성화 즉 영화는 부활 때에 이루어
지는 것이다. "그러므로 율법의 행위로 그의 앞에 의롭다 하심을 얻
을 육체가 없나니 율법으로는 죄를 깨달음이니라"(롬 3:20). 원죄
를 가진 육체로는 완전 성화를 이룰 수 없다는 것이다. 구원받은 성
도가 부활 때에 신령한 몸을 가지게 될 때 완전성화, 정결이 이루어
지는 것이다. 현재의 육체를 가지고 완전 성화를 주장하는 양향빈
의 성화 교리는 거짓이다. 동방번개파의 신도 중에 누가 완전성화
에 이른 사람이 있는가? 헛된 교리에 속지 말아야 한다.

12. 국도(하나님의 나라) 교리

1) 동방번개파의 주장

A. 국도는 하나님의 나라이다.

국도복음 설교 특집의 부록 어휘풀이에는 "국도: 그리스도가 재림하여 다스리는 나라."(국도복음 설교특집, 부록 p2)라고 되어 있다.

> "말세에 하나님은 다시 성육신하였는데, 이번 성육신 하나님은 은혜시대를 끝내고 하나님 나라시대(역주: 왕국시대)를 열었다."(말씀이 육신으로 p. 5)

B. 국도는 마지막 때 이루어지는 하나님의 나라이다.

> "하나님께서는 전 우주에서 큰 영광을 받으실 것이며, 그분의 권능으로써 전체 옛 시대를 끝마치실 것이고 온 땅에서 왕권을 잡으실 것이며 '국도 임금'이 되실 것입니다. 이 단계 사역은 하나님의 경영 계획이 끝나는 사역입니다. 세상의 나라는 '우리 주와 그 그리스도의 나라'로 될 것입니다. 그래서 마지막 시대를 국도시대라고 칭합니다."(국도복음 간증문답 질문1)

C. 하나님의 나라(국도)는 땅에서 이루어진다.

> "우리는 주기도문의 내용에서도 하나님의 나라가 임한 후에 사람이 여전

히 땅에서 생활한다는 것을 볼 수 있습니다. 예수님이 우리에게 가르치신 주기도문에서는 이렇게 말씀하셨습니다. '나라가 임하시오며 뜻이 하늘에서 이루어진 것 같이 땅에서도 이루어지이다'(마 6:10) 여기에 주님께서 우리더러 '하나님의 나라가 임하기를 바라고 하나님의 뜻이 하늘에서 이루어진 것 같이 땅에서도 이루어지기를 바란다.'고 간구하라고 하신 것을 언급하였는데, '하늘에서 이루어진 것 같이 땅에서도 이루어진다.' 고 하면, 사람이 이후에 하늘 위에 있는 것이 아니라 땅 위에 있다는 것을 증명합니다."(국도복음 간증문답 질문55)

"예언에서 '하나님의 장막이 사람들과 함께 있으매', '새 예루살렘이 하나님께로부터 하늘에서 내려오니', '세상 나라가 우리 주와 그의 그리스도의 나라가 되어'라고 언급하였는데, 이런 말은 사람이 철저히 하나님의 구원을 받은 후에도 여전히 땅에서 생활하는 것이지 우리가 생각한 것처럼 하늘 위에 끌려 올라가는 것이 아니며, 하나님의 나라가 땅에 임하는 것이지 하늘에 임하는 것이 아님을 충분히 증명할 수 있습니다." (국도복음 간증문답 질문55)

"'일곱째 천사가 나팔을 불매 하늘에 큰 음성들이 나서 이르되 세상 나라가 우리 주와 그의 그리스도의 나라가 되어 그가 세세토록 왕 노릇 하시리로다. 하니' 형제자매님, 위의 두 곳 경문을 통하여, 우리는 하나님이 땅에서 그의 나라(국도)를 세우시고 땅에서 사람과 함께 거하시며, 세상 나라가 우리 주 그리스도의 나라가 된다는 것을 알 수 있습니다. 그러므로 하나님의 나라도 최종에 역시 땅에서 이루어진다는 말입니다."(국도복음 설교특집 p. 207)

D. 지상의 나라들이 국도(하나님의 나라)가 될 것이다.

"오늘 전능하신 하나님의 중화 대륙에서의 사역은 이미 종결 단계에 이르렀습니다. 하나님의 사역은 머지않아 전 우주에 확장될 것이고 지상의 나라가 주 그리스도의 나라로 될 것입니다"(국도복음 간증문답 질문4)

"하나님께서 세상의 나라를 거룩한 나라—하나님의 나라로 즉 경문에서 말한 새 하늘과 새 땅으로 바꾸실 것이라는 것입니다."(국도복음 간증문답 질문24)

"나는 이 시대를 멸하고 나의 나라로 탈바꿈시켜 내가 사랑하는 자들과 세세토록 함께하며 함께 누릴 것이다!"(말씀이 육신으로 p. 170)

"나는 큰 붉은 용이 거하는 곳에서 새롭게 시작했을 뿐만 아니라 전 우주 아래에서 새로운 사역을 펼쳤다. 머지않아 땅의 나라는 나의 나라가 될 것이고, 나의 나라로 인해 영영 존재하지 않게 될 것이다. 내가 이미 이겼고, 승전고를 울리며 돌아왔기 때문이다."(말씀이 육신으로 p. 372)

"나의 나라로 새롭게 바꿀 것이며, 땅에 있는 나라를 영원히 소멸시켜 나를 경배하는 나라가 되게 할 것이다. 또한 땅에 있는 나라는 모두 멸하여 존재하지 않게 할 것이다."(말씀이 육신으로 p. 429)

E. 국도는 이루어졌다.

"보좌가 음성을 발하여 열국 열방을 향해, 때가 이미 이르렀고 말일의 결국에 이미 이르렀고 나의 경영 계획이 이미 끝났고 나의 국도가 이미 땅에 공개적으로 나타났고 세상의 나라가 이미 나 하나님의 나라로 되었다고 선고하고 있다."(국도복음 간증문답 질문39)

"이는 거룩한 나팔이라, 크게 울려 퍼졌도다! 귀를 기울이라, 이 얼마나 아름다운 음성인가. 이는 보좌에서 흘러나오는 음성으로, 열국 백성에게 때가 왔고 최후의 종국이 이르렀음을 선포하는 도다. 또한 나의 경륜이 끝났고, 나의 나라가 공개적으로 땅에 나타났으며, 세상의 나라가 내 하나님의 나라가 되었음을 선포하는 도다. 나의 일곱 나팔이 보좌에서 울렸으니, 앞으로 일어날 일이 얼마나 기묘하랴!"(말씀이 육신으로 p. 78)

"나의 나라는 이미 완벽하게 실현되어 인간 세상에 공개적으로 임했다. 이것은 나의 심판이 완전히 임했음을 의미한다."(말씀이 육신으로 p. 127)

"지금의 세상은 무너졌지만, 내 나라는 성공적으로 건축되었다. 내 아들들이 나타날 것이고, 나의 장자는 나와 함께 왕이 되어 만국 만민을 다스릴 것이다. 이것이 아득한 일이라고 생각하지 말라. 이는 네 앞에 펼쳐진 사실이다. 그렇지 않으냐? 너희가 내게 기도로 간구하기만 하면 나는 즉시 손을 펴서 너희를 핍박하는 자들에게 징벌을 내리고, 너희를 방해하는 자들을 응징하며, 너희가 증오하는 자들을 멸하고, 너희를 위해 힘쓰는 사람과 일, 사물을 관리할 것이다."(말씀이 육신으로 p. 153)

"이미 하나님 나라 시대(역주: 왕국시대)에 들어섰고 너희를 나의 나라로 데려와 나의 백성이 되게 한 이상, 나는 너희에게 또 다른 요구를 할 것이다"(말씀이 육신으로 p. 343)

"내 나라를 보라. 나는 내 나라에서 왕이 되었고, 권세를 잡았다. 아들들은 나의 인도 속에서 창세부터 지금까지 인생의 갖은 시련과 세상의 험난함, 인간사의 우여곡절을 겪었다."(말씀이 육신으로 p. 343)

F. 지금은 국도가 세워지고 있는 때이다.

"세계의 동방에서 하나님 자신이 증거되기 시작해서부터 역사를 시작하기까지, 신성이 온 땅에서 왕권을 잡기 시작하기까지는 동방번개의 빛기둥이 줄곧 전 우주를 밝게 비추는 것이며 세상의 나라가 그리스도의 나라로 될 때는 전 우주를 밝게 비출 때이다. 현재는 동방번개가 발하는 때이니, 말씀이 육신 된 하나님이 역시를 시작하고 또한 신성에서 직접 말씀한다."(국도복음 설교특집 p. 367-368)

G. 국도에서 양향빈이 왕이 된다.

"하나님께서는 전 우주에서 큰 영광을 받으실 것이며, 그분의 권능으로써 전체 옛 시대를 끝마치실 것이고 온 땅에서 왕권을 잡으실 것이며 '국도 임금'이 되실 것입니다." (국도복음 간증문답 질문1)

"하나님 나라 건축이 시작되었을 때, 내가 입은 육신은 본격적으로 직분을 수행하기 시작했다. 즉, 하나님 나라 왕이 본격적으로 하나님 나라에서 왕권을 잡은 것이다."1992.3.3(말씀이 육신으로 p. 360)

"나는 내 나라에서뿐만 아니라 전 우주 아래에서도 왕권을 잡고 있다. 나는 내 나라의 왕이자 우주의 머리이다."(말씀이 육신으로 p. 441)

H. 동방번개 신도들이 국도에서 만국을 다스린다.

"지금은 오직 나와 내 장자들만이 하나님 나라에 들어가 만국 만민을 다스릴 수 있다. 다시 말해, 내 나라가 질서를 갖추기 시작 했는데, 왕이 될 자와 백성이 될 자가 모두 공개된 상황이다."(말씀이 육신으로 p. 157)

"일찍이 나의 이름을 받아들인 장자들 (거룩하고 흠이 없는 정직한 자들)은 먼저 내 나라에 들어가 나와 함께 만국만민을 다스리고, 내 나라에서 왕권을 잡아 만국 만민(모든 장자들만이 내 나라에 있고 다른 사람은 없음을 의미함)을 심판할 것이다."(말씀이 육신으로 p. 163-164)

2) 반증

A. 예수님의 초림 때부터 천국이 가까웠다고 전파했다.

"그 때에 세례 요한이 이르러 유대 광야에서 전파하여 말하되 회개하라 천국이 가까이 왔느니라 하였으니"(마 3:1-2).

"가면서 전파하여 말하되 천국이 가까이 왔다 하고"(마 10:7).

2천년 후에 양향빈에 의하여 세워질 천국(국도)을 세례요한이 가까웠다고 말할 수 있겠는가? 천국은 말세 사역으로 이루어지는 것이 아니다.

B. 하나님의 나라(국도)는 초림 때에 이루어졌다.

"그러므로 우리가 흔들리지 않는 나라를 받았은즉 은혜를 받자 이로 말미암아 경건함과 두려움으로 하나님을 기쁘시게 섬길지니라"(히 12:28).

"그러나 너희는 택하신 족속이요 왕 같은 제사장들이요 거룩한 나라요 그의 소유가 된 백성이니 이는 너희를 어두운 데서 불러내어 그의 기이한 빛에 들어가게 하신 이의 아름다운 덕을 선포하게 하려 하심이라"(벧전 2:9).

하나님의 나라인 국도는 말세에 세워지는 것이 아니라 초림 때에 세워졌다. 초대교회 성도들은 하나님의 나라(국도)를 받은 사람들이며 구원받은 성도들이 하나님의 나라가 되었다.

C. 구속 곧 죄 사함을 받으면 하나님의 나라(국도)로 옮겨진다.

"그가 우리를 흑암의 권세에서 건져내사 그의 사랑의 아들의 나라로 옮기셨으니 그 아들 안에서 우리가 속량 곧 죄 사함을 얻었도다"(골 1:13-14).

"또 충성된 증인으로 죽은 자들 가운데에서 먼저 나시고 땅의 임금들의 머리가 되신 예수 그리스도로 말미암아 은혜와 평강이 너희에게 있기를 원하노라 우리를 사랑하사 그의 피로 우리 죄에서 우리를 해방하시고 그의 아버지 하나님을 위하여 우리를 나라와 제사장으로 삼으신 그에게 영광과 능력이 세세토록 있기를 원하노라 아멘"(계 1:5-6).

골로새 교회 성도들은 죄 사함을 받고 아들의 나라(국도)로 옮겨졌다고 하였다. 하나님의 나라는 말세에 이루어지는 것이 아니라 이미 초대교회 성도들도 하나님의 나라에 들어갔던 것이다.

D. 국도를 이루고 왕권을 잡은 양향빈은 왜 중국에서 쫓겨났는가?

양향빈은 왕권을 잡고 있다고 한다. 자신이 만든 국도에서뿐 아니라 우주의 왕권을 가지고 있다고 하였다.

> "나는 내 나라에서뿐만 아니라 전 우주 아래에서도 왕권을 잡고 있다. 나는 내 나라의 왕이자 우주의 머리이다."(전능하신 하나님의 교회 출판, 말씀이 육신으로 p. 441)

국도를 세우고 왕권을 가진 양향빈이 중국의 체포령이 두려워 미국으로 도망갔다. 전능하신 하나님이며 우주의 왕권을 가진 자가 중국의 처벌이 무서워 도망갔다는 것은 왕권을 가졌다는 것이 거짓임을 밝히는 것이다.

13. 신천지 교리

1) 동방번개파의 주장

A. 양향빈이 만든 국도는 신천지(새 하늘과 새 땅)이다.

"나는 오늘날 나에게 쓰임 받는 사람에게 부담과 지혜를 더해 주어 그가 하는 모든 일이 내 뜻에 부합하게 할 것이며, 따라서 하나님 나라가 실현되고, 새 하늘과 새 땅이 나타나도록 할 것이다."(말씀이 육신으로 p. 157)

"현재 성령의 역사는 또다시 너희를 새 하늘과 새 땅으로 이끌었다. 모든 것 이 새로워지고, 모든 것이 내 손안에 있으며 다시 시작된다!"(말씀이 육신으로 p. 54)

"나는 새 하늘이자 새 땅이다. 나의 본체가 온 시온에 충만하기 때문이다. 나의 장자들 또한 새 하늘이자 새 땅이라고 말할 수 있다. 나와 장자들은 본디 한몸이기에 헤어질 수 없다."(말씀이 육신으로 p. 313)

B. 현 세상을 멸하여 끝내고 새 하늘 새 땅이 이루어진다.

"모든 것이 철저히 완성되어 내가 곧 모든 옛 시대를 끝낼 것이기 때문이다. 시온에 있어야만 새 하늘과 새 땅의 삶을 누릴 수 있다. 나의 본체는 시온에 있고, 시온 외에는 새 하늘과 새 땅의 존재가 없기 때문이다. 나는 새 하늘이자 새 땅 이다."(말씀이 육신으로 p. 313)

"땅에는 더 이상 사탄의 방해가 없고 하나님을 대적하는 그 악인들도 모두 말세의 재난에 훼멸되며, 땅의 나라가 하나님을 경배하는 나라로 됩니다. 이것이 바로 우리가 간절히 바라는 새 하늘과 새 땅입니다."(국도복음 설교특집 p. 263)

"하나님께서 세상의 나라를 거룩한 나라–하나님의 나라로 즉 경문에서 말한 새 하늘과 새 땅으로 바꾸실 것이라는 것입니다."(국도복음 간증문 답 질문24)

C. 신천지(새 하늘과 새 땅)는 이미 완성되었다.

"우리가 기꺼이 전능하신 하나님의 말세 역사의 간증을 듣고 전능하신 하나님께서 발표하신 말씀을 보고 국도시대의 교회 생활을 좀 체험한다면, 우리가 오래도록 간절히 바라던 예수님이 이미 도래하셨고 거룩한 성 새 예루살렘이 이미 하늘로부터 내려 왔고 새 하늘과 새 땅이 이미 나타났음을 확신할 것입니다."(국도복음 간증 문답, 질문 49)

"새 시대의 계명이 반포되었다는 것은 이 흐름 안에 있는 사람들, 즉 오늘날 하나님이 한 말씀을 들은 모든 사람이 새로운 시대에 들어섰음을 증명한다. 이것은 하나님 사역의 새로운 기점이자, 6천년 경륜 중 마지막 부분 사역의 시작이다. 새 시대의 계명은 하나님과 사람이 새 하늘과 새 땅의 경지에 들어갔음을 상징한다."(말씀이 육신으로 p. 863)

"오늘날 너희의 발길이 닿는 곳은 거룩하게 구별되는 곳이다. 그러므로 새로운 땅 이라고 한 것이다. 여기에서 '새로움'이란 바로 '거룩함'을 뜻한다. 지금의 새 하늘과 새 땅은 이미 완전히 이루어졌는데, 너희는 이를 밝히 알고 있느냐?"(말씀이 육신으로 p. 161)

"그러나 너는 여전히 그 칠야 속에서 깊이 잠들어 음성을 듣지 못하고, 빛을 보지 못하며, 새 하늘과 새 땅, 새 시대가 도래했음을 알아치리지 못하고 있다."(말씀이 육신으로 p. 1925)

D. 양향빈이 만든 신천지(국도)는 천년 왕국이다.

"나는 만민 가운데서 나의 사역을 전개하기 시작했다. 즉, 나의 사역 항목이 또 하나 추가된 것이다. 이들이 바로 그리스도를 위해 천 년 동안 봉사할 대상인데, 많은 사람이 나의 나라로 몰려들 것이다."(말씀이 육신으로 p. 129)

"천년 하나님 나라(역주: 천년왕국)에서도 너희로 하여금 나의 계시와 발걸음을 따라 앞으로 나아가게 할 것이다. 일체의 모든 것이 이미 형체를 갖췄고, 일체의 모든 것이 이미 예비 되었다. 복을 받을 자는 영원한 복이 기다리고 있고, 화를 당할 자는 영원한 형벌을 맞이할 것이다."(말씀이 육신으로 p. 178)

"천년 하나님 나라가 땅에 있다는 것은 하나님의 말씀이 땅에 왔다는 뜻이며, 새 예루살렘이 하늘에서 내려왔다는 것은 하나님의 말씀이 사람들 가운데 와서 사람들과 함께 생활하고, 사람의 일거수일투족, 모든 마음, 생각과 함께한다는 의미이다. 이것 역시 하나님이 이루려는 일이자 천년 하나님 나라의 아름다운 광경이다."(말씀이 육신으로 p. 850)

"말씀의 시대로 들어가는 것이 곧 천년 하나님 나라 시대로 들어가는 것이다. 지금 바로 이 사역을 이루고 있다. 이제부터는 하나님의 말씀을 나누

는 훈련을 하여라."(말씀이 육신으로 p. 982)

2) 반증

A. 새 하늘과 새 땅이 이루어졌다면 현 세상을 끝내야 한다.

새 하늘 새 땅 신천지는 처음 하늘과 처음 땅이 없어져야 이루어지는 것이다. "또 내가 새 하늘과 새 땅을 보니 처음 하늘과 처음 땅이 없어졌고 바다도 다시 있지 않더라"(계 21:1). 이는 동방번개파 측에서도 주장하는 내용이다.

> "그 악인들도 모두 말세의 재난에 훼멸되며, 땅의 나라가 하나님을 경배하는 나라로 됩니다. 이것이 바로 우리가 간절히 바라는 새 하늘과 새 땅입니다."(국도복음 설교특집 p. 263)

그러나 아직 처음 하늘 처음 땅이 존속되고 있는데 새 하늘과 새 땅이 이루어졌다고 하는 주장은 잘못된 것이다.

B. 새 하늘과 새 땅에서는 사망과 고통 눈물이 없다.

새 하늘과 새 땅에서는 사망과 고통과 눈물이 없다고 되어있다. "모든 눈물을 그 눈에서 닦아 주시니 다시는 사망이 없고 애통하는 것이나 곡하는 것이나 아픈 것이 다시 있지 아니하리니 처음 것들이 다 지나갔음이러라"(계 21:4). 새 하늘과 새 땅이라고 하는 동방번개파에는 사망·고통·질병 눈물이 없어야 한다. 새 하늘과 새 땅이 완전히 이루어졌다고 하는 동방번개파는 사망·고통·질병 눈물이 완전히 끝났는가? 동방번개 신도들은 중국 정부의 박해를 견디지 못하고 세계 여러 나라로 도망을 가서 난민 신청을 하고 있는 상황이다. 새 하늘과 새 땅이 아니라 새 이단이며 새 지옥일 뿐이다.

C. 세상의 어떤 나라가 하나님의 나라가 되었는가?

이들은 세상의 나라가 하나님의 나라로 바뀌어 신천지가 된다고 한다.

> "땅의 나라가 하나님을 경배하는 나라로 됩니다. 이것이 바로 우리가 간절히 바라는 새 하늘과 새 땅입니다."(국도복음 설교특집 p. 263)

동방번개파의 주장대로 새 하늘과 새 땅이 양향빈에 의하여 이루어졌다면 세상의 어떤 나라가 하나님의 나라로 바뀌었는가? 세상의 나라가 양향빈을 하나님으로 경배하는 나라가 있는가? 동방번개파에 의하여 세상 나라가 그리스도의 나라로 바뀐 나라가 하나도 없기 때문에 새 하늘과 새 땅 신천지가 완성 되었다는 이들의 주장과 교리는 엉터리이다.

14. 중국 심판 교리

1) 동방번개파의 주장

A. 중국은 양향빈 하나님에게 저주받은 나라이다.

"중국, 즉 중국의 모든 사람과 모든 지역은 다 나의 저주를 받았다. 내 말
뜻을 알겠느냐?"(말씀이 육신으로 p. 186)

"중국은 사탄을 가장 숭배하는 나라이다. 그러므로 나의 저주를 받았고,
또한 나를 가장 심하게 핍박하는 나라이기도 하다."(말씀이 육신으로 p.
188)

B. 중국은 동방번개를 가장 심하게 박해하는 나라이다.

"중국은 내게 저주받은 나라이고, 나를 가장 심하게 박해하는 나라이기에
내가 가장 증오하는 나라이다."(말씀이 육신으로 p. 182)

C. 중국 사람들에게 양향빈 하나님은 역사하지 않을 것이다.

"나의 축복을 받는 곳은 필히 내가 역사하는 곳이자 사역을 전개하는 곳
이다. 중국은 사탄을 가장 숭배하는 나라이다. 그러므로 나의 저주를 받
았고, 또한 나를 가장 심하게 핍박하는 나라이기도 하다. 나는 절대로 큰
붉은 용의 권세 하에 있는 사람들에게 역사하지 않을 것이다."(말씀이 육
신으로 p. 188)

D. 중국인은 영이 없는 붉은 용의 나라이다.

"중국인은 영이 없으며, 먼저 사탄에 의해 패괴 되었으므로 구할 방법이 없다. 그러므로 나는 그들에게 노하고 저주를 내린 것이다. 나는 그 사람들을 가장 증오한다. 언급하기만 해도 화가 난다. 그들은 큰 붉은 용의 후손이기 때문이다."(말씀이 육신으로 p. 192)

"또한 중국이 큰 붉은 용의 나라이며 성육신 하나님이 거하는 곳이라는 점 때문에, 하나님은 울분을 참으며 큰 붉은 용의 모든 자손들을 정복하는 수밖에 없다."(말씀이 육신으로 p. 578)

E. 중국은 멸망한다.

"중국이 가장 먼저 무너지고 하나님 손에 멸망 되는데, 하나님은 그것에게 조금의 인정사정도 봐주지 않는다. 하나님의 백성이 성숙해질수록 큰 붉은 용이 더 빨리 무너진다는 것을 의미한다. 이것은 사람이 확연하게 알 수 있는 것이다. 백성이 성숙해지는 것은 원수가 멸망할 징조이다."(말씀이 육신으로 p. 570)

"하나님은 다음 단계의 일을 시작하여 큰 붉은 용의 나라를 철저히 멸망시키고, 마지막에는 전 우주의 사람을 십자가에 거꾸로 못 박은 다음 전 인류를 멸할 것이다."(말씀이 육신으로 p. 716)

2) 반증

A. 중국을 가나안으로 만들어 복을 주겠다는 약속은?

양향빈은 중국을 가나안으로 택하여 복을 주겠다고 주장한 적이 있다.

> "나는 동방에 강림하였고, 동방의 백성에게 가나안을 가져다주었다. 나는
> 온 땅의 백성을 가나안 땅으로 인도할 것이며, 그것을 위해 가나안 땅에
> 서 계속 음성을 발하고 전 우주를 통제할 것이다. 이때 가나안을 제외한
> 온 땅은 광명이 없고, 사람은 모두 굶주림과 추위에 위협받을 것이다."(말
> 씀이 육신으로 p. 892)

그러다가 중국 정부가 체포령을 내리자 갑작스레 중국을 저주한다는 양향빈의 태세전환은 자신이 하나님이 아니라는 증거이다. 하나님이라면 어찌 중국이 박해할 것도 알지 못하고 이 시대의 가나안이라고 하다가 말을 바꾸겠는가?

B. 중국인을 선민으로 택하였다고 하는 것은?

> "하나님이 그의 영광을 이스라엘, 즉 그의 선민으로부터 너희에게로 옮겨
> 왔고, 그의 계획에 담긴 근본 취지를 너희들을 통해 모두 드러내고자 하였
> 다. 따라서 너희 모두가 하나님의 유업을 이어받는 사람이며, 더 나아가 하
> 나님의 영광을 받는 사람이다." (말씀이 육신으로 p. 883)

양향빈은 하나님이 중국인을 선민으로 택하여 하나님의 유업을 이어받게 하고 하나님의 영광을 드러낼 사람들이라고 하다가 중국으로부터 박해를 받게 되자 중국인은 영이 없는 자들이기 때문에 구원할 수 없다고 한다.

"중국인은 영이 없으며, 먼저 사탄에 의해 패괴 되었으므로 구할 방법이 없다. 그러므로 나는 그들에게 노하고 저주를 내린 것이다. 나는 그 사람들을 가장 증오한다. 언급하기만 해도 화가 난다. 그들은 큰 붉은 용의 후손이기 때문이다."(말씀이 육신으로 p. 192)

C. 중국에서 마지막 사역을 이룬다는 말은?

양향빈은 중국에서 마지막 사역을 한다고 하였다. 이스라엘의 선민과 사역을 중국으로 옮겼다고 하였다.

"하나님은 자신의 사역을 중국 대륙으로 옮겼다. 그는 또 다른 계획을 세워 너희에게 자신의 다른 한 부분의 사역, 즉 말씀으로 사람을 온전케 하는 사역을 한다."(말씀이 육신으로 p. 1227)

그러나 중국의 박해를 받게 되자 붉은 용이 역사하는 중국에서 중국 사람들과 사역하지 않을 것이라고 말을 바꿨다.

"나의 축복을 받는 곳은 필히 내가 역사하는 곳이자 사역을 전개하는 곳이다. 중국은 사탄을 가장 숭배하는 나라이다. 그러므로 나의 저주를 받앗고, 또한 나를 가장 심하게 핍박하는 나라이기도 하다. 나는 절대로 큰 붉은 용의 권세 하에 있는 사람들에게 역사하지 않을 것이다."(말씀이 육신으로 p. 188).

필자는 4장에서 양향빈의 교리의 모순을 파헤쳤다. 동방번개파는 성경을 볼 필요가 없다고 하면서도 성경을 통해 교리의 기초를 만들어냈다. 하나님의 성육신은 단회적인 사건인데 마지막 때에는 여성으로 성육신한다는 비성경적인 내용도 비판했다. 중국이 가나안이 될 것이라고 말했다가 체포령이 내려지자 갑작스레 중국이 저주 받을 국가인 것처럼 매도하는 교주의 모순과 이중성도 비판했다. 교리적으로는 물론이거니와 사회적으로 문제가 되는 그들이 이제 한국으로 들어와 '난민법'을 악용, 정착하려는 현실을 살펴보겠다.

5 장

동방번개의 난민 지위 악용 문제와

한국 활동 현황

중국산 이단 '동방번개'파 신도들이 한국에 들어와 난민 지위를 얻고 한국사회에 정착하려 한다는 의혹이 지속적으로 제기되고 있다. 중국에서 사교로 규정됐을뿐 아니라 한국교회 주요 교단인 예장 고신과 통합이 2013년 이단, 기독교대한감리회가 2014년 이단, 백석대신과 합신이 2018년 이단·사이비로 규정한 단체의 신도들에게 난민 지위가 부여될 경우 다양한 법적 지원 아래 중국산 사이비 신도들이 활개치게 될 것이라는 우려에서다. 현재 한국사회에 뿌리 내리고 있는 동방번개의 현황과 난민법을 악용하는 문제점에 대해 진단해보고자 한다.

1. 동방번개 신도들의 한국 유입과 난민법 악용

1) 대한민국 난민법의 현황

한국에 난민자들이 몰리면서 사회적 이슈가 되고 있다. 2019년 한해동안 총 15,452건의 난민신청이 있었고 이중 0.4%인 42명만이 난민지위를 부여 받았다. 가장 많았던 난민 신청 사유는 종교로 3,792건이고 다음으로는 정치, 특정사회집단, 인종, 가족결합, 국적 순이었다. 가장 많은 난민신청이 들어온 지역은 서울로서, 총 8,170건의 난민신청을 접수 받았다(대한민국 법무부 난민과 2020년 3월 27일 발표 자료 참고).

대한민국 헌법상 난민인정자와 인도적체류자 및 난민신청자는 난민협약 제33조 및 「고문 및 그 밖의 잔혹하거나 비인도적 또는 굴욕적인 대우나 처벌의 방지에 관한 협약」 제3조에 따라 본인의 의사에 반하여 강제로 송환되지 않는다(1장 제 3조). 더불어 출입국 관리 공무원의 적극적 도움을 받을 수 있다(1장 제 5조 4항). 난민신청자는 난민인정 여부에 관한 결정이 확정될 때까지(난민불인정결정에 대한 행정심판이나 행정소송이 진행 중인 경우에는 그 절차가 종결될 때까지) 대한민국에 체류할 수 있다(대한민국 난민법 1장 제 5조 6항 참고).

난민법상, 난민 신청을 한 것만으로도 상당한 혜택을 받을 수 있다는 것을 알 수 있다. 이는 난민으로 인정받느냐 못 받느냐의 여부와 상관이 없다. 법무부장관은 난민신청자에게 생계비 지원, 취업허가, 주거시설 설치 및 운영, 의료지원, 어린 자녀의 경우 국민과 같은 수준의 초등·중등 교육을 제공할 수 있다(난민법 제 4장 3절 40조~43조).

2) 현행 난민법의 문제점

한국교회언론회는 2018년 5월 17일 논평을 발표하고 대한민국이 난민 신청 집합소가 돼선 안된다고 경고했다. 언론회의 논평에선 난민법의 남용에 대한 걱정이 담겨 있다. 그 문제는 다음과 같다 (기독교포털뉴스. 2018년 5월 17일자 기사)

A. 난민신청자에 대한 관대한 처우

외국인이 난민 신청을 하면 6개월 이내에 심사가 이뤄진다. 불허될 경우에도 행정소송을 벌일 수 있다. 대법원 판결이 나기까지 2~3년이 걸린다. 이 기간 동안 난민 신청자들은 비자없이 한국에 머물 자격을 갖게 된다는 것이다. 그 사이에 한국 정부는 난민신청자들의 생계비를 지원하게 되는데 5인 가구 기준으로 한달에 138여만원을 지원받게 된다는 게 언론회의 지적이다. 물론 난민의 인권을 보호하고 부득이한 사정이 있을 경우 그들을 난민으로 인정하는 것은 우리가 부정해서도 막아서도 안된다. 그러나 대한민국의 난민법은 자칫하면 난민으로 인정을 받지는 못하면서도 난민 신청만으로도 준 합법적인 국내 체류를 가능하게 한다는 점에서 맹점으로 지적된다.

B. 난민신청 불허시 재신청의 규정 미비

난민신청을 했으나 불허됐을 경우 재신청에 대한 규정이 미비했다. 중대한 사정이나 명백한 이유가 없이 난민신청을 다시 제기하고 행정소송까지 가는 사례가 빈번한 이유다. 법무부는 2018년 6월 27일 중국인 200여 명의 허위 난민 신청을 대신해 준 변호사에게 구속영장을 청구했다. 이 변호사는 중국인 200여 명을 파룬궁·동방번개 등 박해받는 종교인이라는 명목으로 난민신청을 대행해주고 1인당 200~300만원을 받은 혐의를 받았다. 결국 이 사건은 대법원에서 징역1년에 집행유예 2년의 확정 판결을 받았다(2020도12021). 특히 이 변호사는 허위 난민 신청이 반려될 경우까지 대비해 이의신청 절차나 행정소송까지 대행해줬다고 한다. 이민특수조사대는 이들이 받은 돈이 수억원에 달할 것으로 추정하고 있다. 이는 난민법과 불허시에 재신청을 어렵지 않게 할 수 있다는 것을 악용한 대표적 사례이다(안아람. 2018년 6월 28일 한국일보 기사).

C. 무비자 여행객들의 난민 신청 허용

'무사증 제도'도 눈여겨 봐야 한다. 제주도는 관광을 위하여, 지

난 2002년부터 무사증제도를 도입했다. 관광객이 비자 없이 30일
간 제주도에 머물 수 있도록 하는 제도다. 이는 제주도의 지역 경제
에 크게 이바지 한 것을 부인할 수 없는 동시에 외국인의 범죄 수
증가를 불러 일으키기도 했다. 더욱이 이 제도가 난민을 신청하는
방법으로 악용되고 있다는 점도 귀담아 들어야 한다. 무비자 여행
객으로 제주도에 들어와 난민 신청을 할 수 있다는 점에서다. 아마
전 세계에 관광객으로 들어와 난민신청을 할 수 있는 국가는 대한
민국밖에 없다는 소리까지 들린다. 오명옥은 최근 발행한 저서에서
"중국에 가족들을 두고 홀로, 무사증으로 한국 제주도에 와서는 난
민신청을 했고, 대법원까지 패소하고도 재차 재심 신청을 하였다"
며 "이들이 난민인가"라고 반문한다(오명옥. 신흥종교 가짜난민의
권리도 보장되어야 하는가? 서울:큰샘출판. 2020. 16). 이 책의 저
자는 중국의 사이비 종교 신도들이 장기 체류 목적으로 한국의 난
민법을 악용하며 제기한 난민 소송은 1천여 건에 이르며 이들 대부
분이 무사증으로 제주도에 입국한 사람이라고 지적한다.

정일배 변호사는 2017년 11월 9일 동방번개 피해자들과 기자회
견을 열고 "전능신교 신도들이 중국으로 돌아가는 순간 난민 자격
을 못 얻게 된다"며 "자유로운 왕래가 가능하다는 증거가 되기 때문
에 전능신교는 '가족들과 연락을 끊어라'. '중국가면 죽는다'며 신
도들이 중국으로 가지 못하도록 한다"고 지적한 바 있다. 정 변호
사는 "대한민국 법무부가 이 사실을 제대로 파악하고 전능신교 신
도들의 난민 소송 과정을 대폭 축소시켜야 한다"며 "난민 신청 이
면에 사이비 종교적 문제와 중국인들의 가정 파탄이라는 심각한 문

제가 있다는 걸 직시해야 한다"고 주문했다. 만일 난민 지위를 누구 하나라도 얻게 될 경우 전능신교 신도들은 물밀 듯 한국으로 들어오게 되고 그렇게 되면 동방번개 신도들이 한국을 사이비종교의 전진기지로 삼을 위험이 있다는 것이다.

이날 당시 기자회견에서 대한민국의 동방번개의 실태에 대해 발표한 현문근 목사는 "중국에서 시작한 동방번개는 전능신교라고도 하는 신종 이단이다"며 "전 중국에 확산돼 교세가 수백만에 이르고 2012년 12월 21일에는 지구 멸망이라는 시한부 종말론을 퍼트려 혹세무민한 단체다"고 비판했다. 이들이 2013년도부터 대거 한국에 입국해 조선일보·동아일보·경향신문 등 메이저급 신문에 660회 이상을 광고하는 등 수십억의 광고비를 쓰고 적극적으로 포교하고 있다고 밝힌 현 목사는 "전능신교의 3계명은 '사람은 금전·물질뿐 아니라 모든 재산이나 재물을 하나님에게 드려야 한다'는 것이다"며 "중국의 신학교에서 강의할 때 학생의 어머니가 동방번개에 빠져 가산을 정리해 전능신교에 바쳤다"고 피해 상황을 설명했다.

3) 난민법의 보완과 동방번개측의 의견

A. 난민법의 보완

법무부는 2020년 12월 28일 난민법 일부개정법률안을 입법예고했다. 법무부측은 "현행 난민법에는 남용적 재신청이나 명백히 이유 없는 신청 등에 대한 제한 규정이 없고, 이로 인해 난민 인정 심사 및 재판절차가 지연되어 결과적으로 박해 우려가 높은 난민

신청자에 대한 내실 있고 신속한 심사에 지장이 초래되는 상황"이라며 "중대한 사정변경 없는 재신청, 명백히 이유 없는 신청 등 그간 제기된 문제점을 개선하여 난민 인정 심사의 효율성을 제고함으로써 박해 우려가 높은 난민 신청자가 내실 있고 신속한 심사를 받을 수 있도록 하고자 (한다)"고 밝혔다(조민기. 현대종교 2021년 2월 26일자 기사. http://www.hdjongkyo.co.kr/news/view.html?author=%B9%E8%C1%A4%C8%C6+%B1%B3%BC%F6&section=22&category=1004&no=17888).

난민인정은 국가의 안보·치안과 관련된 중대한 문제이다. 따라서 철저하게 점검해야 한다. 특히 난민신청 불허시 이유없는 재신청은 국가 권력의 낭비로 이어진다. 이에 법무부는 중대한 사정변경이 없거나 이유없는 재신청에 대한 제한 규정을 두고 이를 규제할 방침이다.

B. 비자 없는 입국 허용, 무사증 제도 재점검

자유한국당 최고위원인 조경태 의원(부산 사하을 4선)은 2019년 문체부 국정감사 보도자료를 통해 외국인 관광객 유치 명목의 무사증 제도의 문제점을 꼬집었다. 2013년 18만 3,106명이었던 국내 불법체류자의 수는 2019년 8월말 기준 37만 5,510명으로, 5년 8개월 만에 2배 넘게 폭증했다. 법무부 자료에 따르면 우리 정부가 관광활성화를 명목으로 시행하고 있는 무사증제도를 통해 입국하여 불법으로 국내에 체류하고 있는 외국인의 수가 19만 5,391명으로 전체 불법체류자의 52%에 달하는 것으로 나타났다. 무사증 제도를 악용하려는 외국인들의 주요 행선지가 되고 있다는 점에서 무사증 제도는 전면 재수정·보완해야만 한다는 주장이다. 조경태 의원은 "불순한 의도를 숨기고 관광객인척 입국한 외국인들이 불법체류자가 되면 소재파악 조차 어렵다"고 지적했다.

　제주지방경찰청에 따르면, 2012년 164명이던 제주지역 외국인 범죄자는 2017년 644명으로 4배 가까이 늘었다. 같은 기간 동안 경찰에 입건된 외국인만 2482명에 달한다. 지난 3월12일부터 6월19일까지 100일간 경찰청이 국제범죄 집중단속을 통해 검거한 868명 가운데 425명이 불법 입·출국과 관련된 범죄자로 밝혀지기도 했다. 조경태 의원은 "관광 활성화를 위한 무사증 제도가 오히려 자국의 안전을 심각하게 침해하고 있다. 범죄 발생시 추적이나 처벌이 어려워 관련 제도의 시급한 정비가 필요해 보인다"고 말했다(박병탁. 2018년 7월 6일. 국회뉴ON. https://www.naon.go.kr/content/html/2018/07/06/520c449e-0cfa-4563-935f-ab44bf5df340.html). 제주도민들의 불안감도 증가되고 있다. 특히 동방번개 신도들은 무사증으로 제주도에 입국 후 강원도 횡성, 충북 보은 등으로 뿔뿔이 흩어져 있는 상황이다. 이는 비자 없이 제주도에 입국하고 난민 신청까지 할 수 있었기 때문에 벌어진 폐단이다.

C. 동방번개 신도들의 난민법 일부 개정법률안에 대한 입장발표

　난민법 개정안이 입법예고되자 동방번개측 난민 신청자들이 2021년 2월 5일 법무부장관 앞으로 의견서를 보내며 적극적으로 의견을 표시하고 있다. 이단문제전문지 현대종교는 "본인들을 '중국에서 온 크리스천'이라고 소개한 동방번개는 제안서를 통해 '개정안의 핵심 내용인 재신청 제한에 관한 규정(이 통과되면) … 박해 받는 크리스천(전능신교)들이 더 이상 대한민국에 합법적으로 체류할 수 없으며 중국에 송환되어 중국 정부의 잔혹한 탄압에 시달리게 된다"고 호소했다고 기사화했다. 동방번개 신도들은 의견서에서 "난민법 개정안은 저희의 유일한 생존 길을 차단하는 것"이라며 "난민제도를 악용하는 자들을 식별하고 제한하는 것에 대해 논의할 뿐만 아니라 진정한 난민들이 더 잘 보호를 받을 수 있도록 이 문제를 함께 논의해 주시길 간곡히 호소한다"고 밝혔다. 자신들을 진정한 난민이라고 호소하며 중국으로 귀환당하는 일이 없도록 막아달라는 내용도 덧붙였다. 그곳으로 가면 이들은 구속·고문 등으로 종교의 자유를 박탈당한다는 것이 이들의 주장이다.

4) 난민법의 악용이냐, 진정한 난민이냐?

현대종교는 난민법 일부 개정법률안이 통과될 경우, 종교 난민을 자처해 한국 땅에 뿌리내려온 동방번개의 거취에 치명타가 될 수 있다고 지적했다. 현대종교는 "전능신교는 조직 내 난민 신청을 통해 한국에 체류할 수 있도록 돕는 '난민팀'을 운영해왔다"며 "무사증 제도를 시행하는 제주도를 통해 한국 땅을 밟았고, 종교적 이유로 난민을 신청해 체류해왔다"고 설명했다. 지금까지 전능신교 신도가 난민으로 인정된 경우는 없었으나 난민신청을 하며 체류하는 동안 국내에 거점을 마련하고 집단생활을 하는 등 교세를 확장하고 있는 것 또한 제재를 받지 않았다는 것이다(현대종교 조민기.

2021년 2월 26일 기사).

　난민신청 중인 동방번개 신도 수는 1천여명인 것으로 파악되고 있다. 아직 난민신청이 받아들여지지 않고 있지만 만일 받아들여질 경우 이는 사이비 종교의 전시장 같은 대한민국을 다시한번 종교적 혼란으로 몰고갈 수도 있는 심각한 사안이 될 수 있다. 법무부 통계에 따르면 중국인 난민 신청자는 2019년 연말 기준 2천여명에 달했다. 2천여명 중 반 이상은 동방번개 관련 난민신청자인 셈이다(2020년 8월 국정 모니터링 지표 참고https://www.index.go.kr/potal/main/EachDtlPageDetail.do?idx_cd=2820).

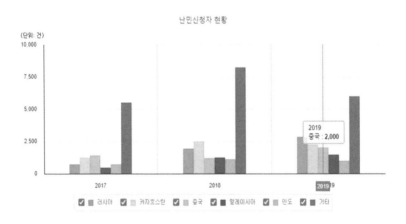

　이를 심상찮게 받아들인 한국기독교이단상담소협회(협회장 진용식 목사)는 2020년 8월 2일 '한국사회와 가정·교회를 염려하며'라는 성명을 발표했다. 이 성명에서 한상협은 난민신청을 한 동방번개 신도들은 한국을 떠나지 않고 오히려 강원도 평창, 횡성, 충

북 보은 등에 새로운 거처를 마련해 집단 합숙을 하고, 사이비 종교의 거점을 확장해 가고 있다고 지적했다. 특히 한상협은 종종 동방번개 신도들이 자신들을 '크리스천', '박해 받는 그리스도인'이라고 설명하는 데 대해 동방번개는 '양향빈(楊向彬)'을 두 번째 도성육신(道成肉身)한 '여(女)그리스도'를 신으로 섬기는 이들이라며 이들은 박해받는 크리스천이라고 볼 수 없으며 "정부는 가짜 난민으로 한국에 체류하며 대한민국을 포교의 중심지로 삼고자 하는 '동방번개' 신도들을 발본색원하여 조속히 국외로 추방할 것을 강력히 촉구한다"고 발표했다.

이단문제 전문지 〈종교와진리〉는 2018년 8월 23일 배포한 보도자료에서 "교주 양향빈(현재, 미국에 거주)이 신도들에게 내린 지령에 의하면, '조선족들은 한국으로 가라!, 모두들 가출하여 잠적하라!'는 내용이 있다"며 "(그래서)한국으로 가출한 가족들과 연락도 되지 않고, 어디에 있는지, 몸은 건강한지, 무엇을 하며 지내는지 아무 소식이 없고 연락이 되지 않고 있다"고 주장했다. 신도들은 이 지령을 따라 입국했으며 난민팀을 통해 난민신청을 하고 신청이 받아들여지든 안 받아들여지든 3일이면 서울로 들어와 수년 동안 한국에서 잠적하며 지낸다는 것이다.

난민법은 박해받는 특정 국가에서 인권을 유린당하는 사람들을 보호하기 위해 아시아 최초로 대한민국이 제정했다. 그러나 현 대한민국 사회는 인권보호의 남용으로 피해자를 보호하는 법이 아니라 오히려 가해자와 범죄자를 보호하는 법으로 악용되고 있다는 비판의 목소리 또한 높아지고 있다. 난민법 또한 본래 제정 취지와는 다르게 사이비 종교인들에 의해 악용되고 있다. 동방번개는 개인·가정·사회를 건강하고 밝게 하는 종교가 아니라 특정 국가의 특정 지역에서 발생해 특정인을 절대신으로 믿으며 그 사회에 이미 해악을 끼치는 사이비 종교로서 문제가 돼 왔다. 이들 신도들의 국내 도피에 난민법이 악용돼 가는 현실이다. 난민법이 더 이상 남용되지 않도록, 난민법 개정안의 실행과 무사증을 통한 국내 입국 후 난민 신청하는 폐단을 하루 빨리 보완하도록 해야 한다는 것이 중론이다.

2. 전국 동방번개 활동 현황

동방번개가 적극적으로 부동산을 매입하며 국내 지역 거점을 마련하고 활동하던 때는 2012년이다. 이미 중국 정부로부터 사교로 규정되며 대대적 단속이 일던 시기와 맞물린다.

1) 첫 거점은 서울 구로구 가마산로 141이다.

가산디지털단지역에서 도보로 10분 정도 거리에 위치했다. 이 장소는 동방번개가 공식적으로 간판을 달고 활동한 첫 건물이다. 지하 1층 지상 5층의 규모였다. 2층은 집회 장소, 3층은 집단 거주 공간으로 활용됐다.

포털사이트 다음 지도 참고 – 서울 가마산로 141에 위치한 동방번개 건물

2) 동방번개 한국본부 – 구로구 오리로 1330

동방번개 한국본부는 서울 구로구에 있다. 한국인 명의로 돼 있는 5층 본부 건물에서는 집회와 포섭 전략 수립, 지도자 교육, 조선족들의 한국 국적 취득을 위한 한국어 수업 등을 실시하고 있다. 필자가 2018년 9월 2일 취재 의사를 밝히며 동방번개측과 인터뷰를 원한다고 했으나 응하지 않았다. 한 지역 주민은 "이 집회 장소에는 평소 '전능신교 신도 외에는 출입할 수 없다'는 플래카드가 붙어 있고 장롱·냉장고·세탁기 등 집기들이 이동되는 경우가 심심찮게 목격됐다"며 "교인들이 자신의 개인 살림을 정리하고 저 안으로 들어가는 거 같은데, 지역주민들은 저곳이 사이비 종교인줄 다 알

서울 구로구 오리로 1330에 위치한 동방번개 건물

고 있다"고 지적했다

3) 강원도 횡성군 둔내면 화동삽교로 60-30(구 유토피아유스호스텔)

법무부에 난민 신청을 한 중국 사이비 종교집단인 동방번개 신도들이 집단 거주하고 있는 장소다. 주중엔 100여명, 주말엔 600~700명이 머무는 것으로 알려져 있다. 지하 1층, 지상 4층 규모(9662㎡·약 2923평)이다. 횡성지역 주민들은 동방번개 신도들이 대규모로 왕래하는 모습에 불안을 느끼며 이들의 활동과 관련한 '반대 탄원서'를 제출했다. 지역 주민은 시사저널과의 인터뷰에서 "수년 전부터 낯선 사람들의 발길이 이어지고 있다. 마을 사람들과 일절 소통하지 않으니 안에서 무슨 일이 벌어지고 있는지 모

포털사이트 다음 지도 참고 – 강원도 횡성에 위치한 동방번개 관련 건물

르겠다. 사이비종교 집단이 우리 마을에 들어왔다는 걸 알고 모두 불안해한다"고 말했다(박치현. 시사저널 2021년 3월 16일 기사).

4) 충북 보은군 산외면 중티길탕로 136(구 열림원 유스호스텔)

충북에 자리잡은 첫 번째 거점이다. 동방번개 신도 90여명이 거주하는 것으로 알려졌다. 산외면 마을 주민 A(54)씨는 "듣도 보도 못한 종교가 들어와 마을 한 켠 차지하고 있는데 신경이 너무 쓰인다"며 "폐쇄적 생활을 하고 있다는데 뭘 하는지 알수가 없고, 코로나19 집단감염이라도 터지면 어쩌나 불안하다"고 말했다(안성수. 2021년 2월 4일. 중부매일).

포털사이트 다음 지도 참고 – 충북 중티길탕로에 위치한 동방번개 관련 건물

5) 충북 괴산군 청천면 화양로 723 화양청소년수련원

충북에 자리잡은 두 번째 거점이다.

포털사이트 다음 지도 참고 – 충북 화양로에 위치한 동방번개 관련 건물

6) 문장대 유스타운: 충북 보은군 산외면 신정길 33

포털사이트 다음 지도 참고 – 충북 신정길에 위치한 동방번개 관련 건물

2020년, 충북 지역에 전능신교의 세 번째 건물이 들어서며 지역 사회의 경계심이 높아지고 있다.

동방번개의 최근 건물 매입의 특징은 지역사회에 매물로 나온 유스호스텔, 청소년 수련원 등 대규모 집회는 물론 숙식이 가능한 장소라는 점, 막대한 자금력을 앞세워 주변 시세보다 20~40%의 높은 가격을 제시한 점, 상대적으로 도심에서 떨어진 외곽지역이라는 공통점을 갖고 있다. 이들의 토지 매입은 농촌지역 토지가격의 급상승과 부동산 거래질서를 왜곡할 가능성이 높기 때문에 농지법 개정을 통해 외국인 토지매입을 규제해야 한다는 목소리가 높아지고 있다(이종억. 2020년 5월 17일. 충북일보 기사).

이외에도 동방번개는 경기도 안산 원곡동, 서울 광진구 면목로 17 등에 집회 장소를 마련해놓았다. 전국 20여 곳(서울 구로구, 광진구, 구로구 궁동, 부산, 울산, 대구, 광주, 인천 부평, 전북 전주, 경기도 안산, 수원, 충북 보은, 괴산, 강원도 횡성, 강릉, 제주도 등 그 외 주변 개인집, 다세대 건물)에 많게는 수백여 명이고, 적게는 수십여 명이 합숙 중이다(오명옥. 종교와진리. 2020년 3월 10일자 기사).

나가는 말

　한국사회는 이미 사이비 종교 신천지의 가정해체적 문제로 심각한 고통을 겪어 왔다. 20만여명에 달하는 시민들이 사이비 종교에 빠져 인생을 바치고 청춘을 빼앗기는 상황이 지속되고 있다. 신천지 등 국내에 자생한 이단사이비만으로도 한국사회의 국가적 손실은 적잖은 현실이다. 그런데 중국 정부가 사교로 규정한 전능신교측 신도들이 국내로 물밀듯 밀려들어오고 있다. 무사증 입국을 해 난민신청을 하는가 하면 그 후 잠적해 전능신교의 합숙소로 이동해서 생활하는 당황스런 일이 지속되고 있다. 순식간에 남편과 아내와 자녀와 부모를 잃은 가족해체를 경험한 피해자들이 국내에 들어와 가족을 돌려 달라며 시위에 나서는 현실이다.

　이미 신흥사이비 종교의 피해를 입고 있는 상황에서 한국사회는 이 문제를 결코 소홀히 해서는 안된다. 이들은 한해동안 100억원에 가까운 광고비를 지출할 수 있는 풍부한 자금력을 가진 자들이다. 신천지와 유사하게 내부 정탐꾼이라는 것을 운영하며 교회안으로 들어가는 포섭 방법을 쓴다. 거절 못할 정도의 인정과 사랑의 폭탄을 퍼부어 상대가 성경공부를 하도록 유도한다. 피로를 풀어주는 중국 마사지도 자주 활용한다.

 전국 각지에 땅과 건물을 매입해 신도들의 합숙소와 집회 장소를 사용하기도 한다. 중국신도 100만여명으로 추산되는 이들이 언제 한국사회를 신천지처럼 잠식해갈 지 정말 모를 일이다. 코로나19로 종교단체, 특히 이단사이비들의 활동이 과거와 같이 뜨겁지 않을 때 대한민국 시민사회가 이 단체의 문제점을 인식하고 철저하게 대응해야 할 때다. 이 책자가 그들의 현황 파악은 물론 교리적 모순을 깨닫게 하는 도구가 되길 간절히 바란다.

참고문헌

현대종교 교단 결의 목록표 및 전능신교 관련 기사들

한국교회 언론회 논평

미디어오늘 국내 언론사 광고단가표

전능신교측 2019년 7월 28일 선언문

기독교포털뉴스 전능신교 관련 기사들

종교와 진리 전능신교 관련 기사들

고바울. 중국기독교이단 조유산과 동방번개의 실체. 경기도:도서출판 북소리. 2017.

한겨레 21, 전능신교 신도 인터뷰 기사

이반석. 이단 전능신을 밝힌다. 서울:문광서원. 2018

대한민국 법무부 난민과 2020년 3월 27일 발표 자료

대한민국 난민법 자료

안아람. 한국일보 기사 2018년 6월 28일

조민기. 현대종교 2021년 2월 26일자 기사

박병탁. 2018년 7월 6일 국회뉴ON

법무부장관에게 2021년 2월 5일 보낸 전능신교측 의견서

2020년 8월 국정 모니터링 지표

전능신교에 대한 합신·고신·통합 이단사이비대책위원회의 연구 보고서

전능신교 인터뷰 시사저널 전능신교 관련 기사